NEW CLASSIC LIBRARY

JN037317

中国五千年の虚言史

なぜ中国人は嘘をつかずにいられないのか

石平
Seki Hei

徳間書店

新装版へのまえがき

本書が刊行されてから約1年半後の2019年12月、中国の武漢で発生した新型コロナウイルスはまたたく間に世界を覆い、各国に甚大な被害をもたらした。

そしてその原因もまた、中国の隠蔽体質と虚言であった。初期段階で感染の事実を嘘で糊塗したことにより、ウイルスの他国への拡散を招き、世界を未曾有の危機に陥れた。この罪は非常に大きい。

しかも、中国政府はWHO（世界保健機関）による現地調査を新型コロナウイルスの発生から1年以上も受け入れず、ようやく認めたのは2021年1月末だった。どう考えても、すべての証拠は消されている。調査団は、感染の発生源とみられていた海鮮市場などの視察はわずかな時間を与えられただけで、中国がいかに新型コロナウイルスを封じ込めたかという国威発揚の展示物見学により多くの時間が割かれたという。

しかも、中国は自国が発生源であることを認めず、「アメリカ軍が持ち込んできた可能性がある」「ウイルスが付着していた他国からの輸入冷凍食品が原因」などと、他国に責任を転嫁させることに躍起となっている。

中国および中国人がいかに嘘を弄するか、そしてその嘘がいかに厄介で危険なものであるか。本書で述べてきたことが、不幸にも新型コロナウイルスのパンデミックで証明されてしまった形である。

その悪癖はここ最近に始まったことではなく、長い歴史的背景がある。加えて現在は中国共産党という独裁体制により、国家としての事実隠蔽や虚言体質がいっそう強化されている。自国民に対しても他国に対しても、嘘に嘘を重ねなくては、中国共産党の独裁体制を維持できないわけだ。

それだけに、今後も世界は中国の嘘に警戒しなければならない。新型コロナウイルスのパンデミックは、そのことをはっきりと示したといえよう。

中国の虚言を理解することは、まさに人類存亡にもかかわることなのである。本書がその一助となることを願う。

2021年2月初旬

石平

はじめに

他国の人から見て中国人といえば、昔から「嘘つき」というのが定番の評価として語られてきた。

中国人はつねに嘘をつき、人を騙す民族だといわれている。かつて、中国の地を訪れた西洋人も、そのことを記録に残している。

19世紀末から20世紀初頭にかけて、中国で22年間にわたり布教活動を行ったアメリカ人宣教師のアーサー・スミスは、その著書『中国人的性格』（石井宗皓・岩崎菜子訳、中公叢書）において、中国人がいかに不誠実で、よく嘘をつくか、そしてそのために相互不信が社会でも家庭内でも起こっている、と述べている。

また、1931年から2年間、上海と福建省で副領事を務めたアメリカのラルフ・タウンゼントは、その著書『暗黒大陸　中国の真実』（田中秀雄・先田賢紀智訳、芙蓉書房出版）で、「中国に長くいる英米人に『中国人の性格で我々とは最も違うものを挙げてください』と訊いたら、ほぼ全員が躊躇《ちゅうちょ》なく『嘘つきです』と答えると思う」と書いている。

さらには、「ただ嘘を隠すための嘘をつかれ、些細な事件でも（処理に）数ヶ月、数年もかかる」と嘆いている。

そして、スミスもタウンゼントも、中国人は「嘘つき」といわれてもそれを侮辱とは感じず怒ることはない、と驚いている。

私は日本に帰化した元中国人だが、彼らの述べていることは、間違っているとは思わない。たしかに今の中国人は平気で嘘をつくし、これまで数千年にわたって、中国人はあらゆる場所、あらゆる場面で嘘をついてきた。

基本的に中国人は儒教の影響から家族主義であり、血族および地縁や利益共同体の疑似家族（「圏子《チェンツ》」という）以外は、すべて信用できない相手と見なす。また、家族であっても、夫婦は完全には信用しない。

だから、何か利害関係に発展する場合、必ず嘘をつく。そしてその嘘がバレても、とにかく嘘をつき通そうとする。中国人が自らの嘘を認めるのは、相手が圧倒的に立場が上で、そのまま嘘をつき通せば、自分の利益にならないときである。

みんながみんなそうだから、とにかく嘘だらけの相互不信社会になる。

中国には、「中国什么都是假的、只有骗子是真的」（中国ではなんでもニセモノ、本物なのは詐欺師だけ）ということわざがあり、かつて江沢民政権時代に首相を務めた朱鎔基も、そのことを口にしていた。

だから、中国人にとって「嘘つき」というのは悪口でもなんでもない。みんながそうだからだ。

本書では、中国人がなぜ嘘をつくのか、その歴史と淵源《えんげん》を調べ、私なりに解説を加えたものだ。こうしてまとめてみると、中国の歴史ではいかに嘘が重要なキーワードになってきたかということに、正直、私も驚いた。

現在の中国は、南シナ海や尖閣《せんかく》諸島を「古来、中国の領土」と主張し、各国と対立しているが、そうした主張もすべて嘘である。外交交渉において中国がいかによく嘘をつくかということは、その歴史から明らかだ。「中国は息を吐くように嘘をつく」ということを、ぜひ、本書で理解してほしい。

なお、本書のタイトルに「中国五千年」とあるが、中国人はよく自分たちの歴史の長さを自慢する。だが、中華の地は何度も王朝交代を繰り返し、ときには数百年間、異民族に支配されてきた歴史すらある。モンゴルに支配された時代は「中国史」というより「モンゴル史」の一部だろう。にもかかわらず、中国ではチンギス・ハーンを自国の民族英雄に仕立て、無理やり「中国人だった」という歴史の捏造《ねつぞう》を行っている。

だいたい、中国に五千年の歴史があるかどうかも疑わしい。それ自体が「嘘」であるという意味を込めて、「中国五千年」と謳《うた》った。

本書が、中国および中国人の本質を理解する一助となれば幸いである。

2018年7月中旬

石平

中国五千年の虚言史――目次

第2章　なぜ中国人は平気で嘘をつくようになったのか

第3章 中国では建国も亡国も嘘から始まる

第4章 嘘で国を盗った者たち

第5章　中国3大嘘つき列伝

装幀——井上新八

第1章

中国共産党という史上最大の嘘集団

第1回党大会のことを多く語れない中国

本書では、5000年におよぶ中国の「虚言史」を検証していくが、まずは近現代史から始めたいと思う。おそらく中国の歴史上、もっとも大きな嘘をつき続けているのが、中国共産党であり、徹頭徹尾の嘘は、中国大陸に大きな悲劇をもたらし続けている。

1997年にフランスで出版された『共産主義黒書（アジア篇）』（ステファヌ・クルトワ、ジャン＝ルイ・マルゴランほか著、外川継男訳、ちくま学芸文庫）によれば、中国における共産主義による犠牲者は6500万人。これはナチズムの犠牲者2500万人をはるかに上回る、人類史上最悪の犠牲ともいえる。

もともと中国共産党は、その成立自体が虚飾に満ちている。

中国共産党が創立されたのは1921年だが、その創立にあたって主導権を握っていたのは、中国人ではなくコミンテルン、すなわちソビエト連邦（現在のロシア）が主導して設立した共産主義政党による国際組織（別名・第三インターナショナル）であった。

当時、このコミンテルンは各国で共産党の国際組織をつくっていた。そして、中国でつくられたのが中国共産党である。そのため、中国共産党は最初から、ソ連共産党の中国支部的な存在であった。

しかし、現在の中国共産党は、そのように教えていない。たとえば、中国の小学校で使用される社会教科書には、中国共産党の成立について、次のように記述されている。

「１９２１年７月、中国共産党第１次全国代表大会（第１回党大会）が上海で行われた。大会に出席したのは毛沢東《もうたくとう》、董必武《とうひつぶ》など12人で、彼らは全国50人あまりの共産党員を代表して集まった」（90年代に使用された教科書から、「中国共産党の成立」より）。

この記述のなかでは、コミンテルンやソ連共産党の関わりについては、一切示されていない。完全に、隠蔽《いんぺい》されているのだ。

しかも、出席した12人の参加者についても、はっきり書くのは毛沢東、董必武くらいであり、ほかの人物についてはあまり大っぴらに語られることはない。

たとえば、第１回党大会会場跡に建つ記念館のホームページには、「13人の各省代表と２人のコミンテルン代表が出席した」とはあるものの、出席者が誰だったのかについて、目立つところに書かれて

毛沢東

董必武

いない。写真のリンクをたどってようやく見つかるくらいのものである（http://www.zgyd1921.com/）。

また、出席者の数も、前述の教科書のように12人となっているものがある一方で、記念館のホームページのように、13人というものがあって、判然としていない。

なぜ出席者が明確に示されないのかというと、第1回党大会に参加した代表の多くは、あとで中国共産党から離脱したり、親日派の汪兆銘《おうちょうめい》政府（南京国民政府）のメンバーになったりしたため、あまりはっきりとは語られないのだ。

ちなみに、出席者は毛沢東、何叔衡《かしゅくこう》、李達《りたつ》、李漢俊《りかんしゅん》、張国燾《ちょうこくとう》、劉仁静《りゅうじんせい》、王尽美《おうじんび》、鄧恩銘《とうおんめい》、董必武、陳潭秋《ちんたんしゅう》、陳公博《ちんこうはく》、周仏海《しゅうふつかい》の12人だ（これに陳独秀《ちんどくしゅう》の代理として包恵僧《ほうけいそう》が出席して13人とするものもある）。

このうち李達はのちに離党、中華人民共和国の成立後、再び中国共産党に復党するが、毛沢東を批判したため、文化大革命で惨殺された。李漢俊ものちに中国共産党を離党、国民党に加入したが、国民党の分裂・紛争のなかで処刑されている。

張国燾はのちに中国共産党を除名、劉仁静はのちに国民政府で働き、王尽美は国民党に参加、鄧恩銘と陳潭秋は国民軍によって若くして処刑、何叔衡も国民軍との戦いで自殺した。

残りの陳公博と周仏海は汪兆銘政権に参加し、日中戦争でも日本に協力したため、戦後の中国では「売国奴」扱いされた。

結局、中国共産党のなかで順調に生き延びたのは、中華人民共和国の初代国家主席であった毛沢東と、董必武の2人しかいない。

とはいえ、毛沢東も董必武も、当時、第1回党大会の中心メンバーでも何でもなかった。たとえば、1932年に日本の外務省情報部が刊行した『支那共産党史』には、中国共産党は「各国共産党と同じく、共産国際の一個の支部、すなわちコミンテルンの『支那の党』である」「支那黎明《れいめい》運動の大立者《おおだてもの》である陳独秀、李大釗《りたいしょう》等を中心とし、コミンテルンの指導の下に創立せられ」と書かれている。

毛沢東がのちに権力闘争を勝ち抜いて天下を取ったから、あたかも毛沢東が中心メンバーであるように語られ、また、前述の第1回党大会会場跡の記念館にも、毛沢東が発言している蠟《ろう》人形が飾られているが、毛沢東も董必武も大した発言権はなく、単に大会に出席しただけの〝チンピラ〟のような扱いだった。

中国共産党の「解放史観」の嘘

このような事実は、毛沢東が中華人民共和国の最高指導者になってから、次々と抹消されていった。建国の父・毛沢東の指導によって、中国革命が達成されたかのような物語がつくられていったのだ。

中華人民共和国の建国は1949年である。現在の中国共産党は、1949年以前の中国を「解放前」と呼ぶ。つまり、中国建国以前は、国民政府による暗黒の統治下であり、中国共産党が人民を率いて革命を起こし全人民を解放したという歴史観である。

1937年から始まった日中戦争と前後して、中国共産党と国民党は抗日のための「国共合作」へと向かった。もちろんこれは、国民党の攻撃によって壊滅一歩手前まで弱体化した中国共産党が、日本との戦争を口実に国民党との「休戦」を目論んだものである。

そのため、日中戦争のきっかけとなった盧溝橋事件で日本軍に向けて銃を撃ったのは、中国共産党だったという説も根強い。

それはともかく、1945年8月に日本がポツダム宣言を受諾し、終戦を迎えると、中国共産党は国民政府との休戦協定を破り、軍事的反乱を起こして国民政府との内戦へと突入した。

それまで中国共産党軍（正式名称は「中国工農紅軍」）は「八路軍」といわれていたが（なぜそう呼ばれていたかは後述）、第2次国共内戦からは自らを「人民解放軍」と称するようになり、自分たちの軍事的反乱を「人民解放戦争」と名づけた。

とはいえ、当時の国民政府は憲法の制定と実施を進めており、また、国際的にも国際連合の常任理事国の一員として、世界の大国の地位を得ていた。国民政府こそが、国際的に認められた合法政府だったのだ。

８年間の日中戦争が終わって、みんな平和を望むところであるが、まさに戦争が終わったとたんに、中国共産党が反乱を起こし、無理やり内戦を引き起こしたのである。

この第２次国共内戦の４年間、中国の全人民は大変な苦しみを味わった。

じつは、中国共産党によって長く隠蔽された事件がある。それは第２次国共内戦の最終段階である１９４８年5月に、林彪《りんぴょう》率いる「人民解放軍」が国民政府軍の籠城する吉林《きつりん》省長春を包囲したことで起こった。

人民解放軍は兵糧《ひょうろう》攻めを行い、長春に周辺から一切物資を入れないようにしたのだ。７月になると長春市内は食料が底をついた。

籠城している国民政府軍は、長春市民に対して、市外に出て食べ物を調達することを許した。しかし市民が食べ物を求めて市内から出ようとすると、人民解放軍はあろうことか、飢えた人々を銃撃したのだ。

市民が食料を調達して持ち帰ったら、国民政府軍の兵士にも渡ってしまうかもしれない。人民解放軍としては、それは絶対に許さない。むしろ、銃撃によって長春市民を市内に留まらせれば、国民政府軍は蓄えている食料を分け与えるか、さもなければ、飢えた長春市民が国民政府軍と対立して暴動を起こすかもしれない。それがいちばんの好都合である。

だが、実際に起こったのは、大量の餓死だった。

金塊一つで小麦粉1袋、あるいは米5キロで娘1人と交換できるというような、法外なレートでなんとか食料を確保していた長春市民だったが、やがて交換するものがなくなると、市内では犬や猫、ネズミ、さらに草、木の葉まで、全部食いつくされた。そして最後には、互いの子供を交換して殺して食べるという悲劇まで起こった。

10月になると国民政府軍は兵糧も食いつくし、やむをえず全員が共産党軍に投降した。市内に入った人民解放軍が目撃したのは、無数の餓死者の山だった。包囲戦以前の長春市の人口は約50万人だったが、「解放後」には17万人まで減っていた。

中国共産党軍は各地で同様のことをやりながら、国民政府を潰して政権を奪ったのである。そうした自分たちを正当化するために、「人民解放戦争だった」と言い続けているのだ。

私が子供だった時代も、1949年以前が「解放前」、以降が「解放後」ということを教えられ、「解放前、解放前」という言葉が普通に使われていた。

だが、よく考えてみれば、解放でもなんでもない。

中国はチベットや新疆《しんきょう》（東トルキスタン）を侵略・併合し、多くのチベット人やウイグル人を弾圧、虐殺しているが、中国共産党はチベット侵略を「農奴解放」、ウイグル侵略を「新疆和平解放」などと呼んでいる。

中華民国「暗黒史」をでっちあげる中国共産党

自分たちの戦争は「解放」であると強調するために、中国共産党は中華民国時代を徹底的に否定、あるいはできるだけ抹殺しようとする。

たとえば中国の人民史観、解放史観に沿って書かれた小学校の社会の教科書を見ると、近代史の目次は次のように記されている。

第4章　近代の中国（1）
第1課　林則徐《りんそくじょ》とアヘン戦争
第2課　洪秀全《こうしゅうぜん》と太平天国
第3課　甲午中日《こうごちゅうにち》戦争（日清戦争）
第4課　戊戌変法《ぼじゅつへんぽう》
第5課　義和団と外国侵略者
第6課　孫文《そんぶん》と辛亥《しんがい》革命

孫文の辛亥革命によって中華民国が成立したわけだが、このあとの第5章からは、次のような内容が並ぶ。

第5章　近代の中国（2）
第1課　中国共産党の成立
第2課　北伐戦争
第3課　「八一」南昌蜂起
第4課　井崗山《せいこうざん》の合流
第5課　紅軍の長征
第6課　抗日戦争の勃発《ぼっぱつ》
第7課　抗日戦争の勝利
第8課　解放戦争の勝利

辛亥革命のすぐあとに「中国共産党の成立」となり、それ以降はすべて中国共産党の視点で描かれている。中華民国の存在は、中国近代史からほとんど無視されるわけだ。この教科書で学んだ子供たちは、清王朝のあとに中華民国という国があったことすら知らない。

しかも、中国共産党が抗日戦争に勝利したことになっている。実際には日本軍と中国共産党軍が戦闘したことはほとんどなく、闘ったのは国民党軍だった。

また、中国では「国共内戦」とはいわない。やはり「人民解放戦争」なのだ。

中国国民の多くは、中国は１９４９年まで半植民地状態であり、国家の主権が失われていたが、中国共産党が中華人民共和国を建国したことによって、中国ははじめて主権を回復した、と思い込んでいる。

毛沢東は１９４９年10月１日、北京の天安門の上で中華人民共和国の成立を宣言したが、中国共産党史観では、それによって中華民族が独立を勝ち取ったということになっている。しかし、それはまったくの嘘だ。

アヘン戦争後、清王朝はイギリスとのあいだで南京条約を結ばされた。この条約で広州、福州、厦門《アモイ》、寧波《ニンポー》、上海《シャンハイ》の五つの港を開港させられ、治外法権、関税自主権の喪失《そうしつ》などを押しつけられた。

その後、清王朝は多くの国と不平等条約を結ぶことを強いられた。その時代は、たしかに半植民地状態であった。しかし、１９３０年、中華民国政府時代に中国は日華関税協定の締結によって関税自主権を取り戻している。43年には共同租界（外国人居留地）の返還や治外法権の撤廃を実現させている。

日本も江戸幕府が結んだ不平等条約を、明治政府が苦労しながら少しずつ撤廃させていった。１８９４年に治外法権を撤廃し、日露戦争後の１９１１年に関税自主権の回復を実現している。

中華民国は日本に遅れること30年、主権の完全回復を成し遂げていた。しかも１９４７年には中華民国憲法も施行され、民主主義と憲政の推進を着実に進めていたのだ。

しかし、中国共産党はその歴史を完全に無視・抹消・隠蔽したうえで、あたかも中華人民共和国の建国によって、中国はアヘン戦争以来失われていた主権を初めて取り戻したような虚言をばらまいているのである。

じつは、蔣介石《しょうかいせき》が国民党の実権を掌握した１９２７年から、日本との全面戦争が勃発した37年までの10年間は、中国近代史上、おそらく鄧小平《とうしょうへい》の改革開放以前の時代において、もっとも成長し発展した時代である。

たとえば、１９３０～36年の中国の工業成長率は年平均７・７％

蔣介石

鄧小平

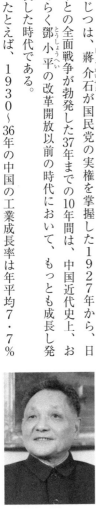

以上だった。31～36年に限れば、工業成長率は平均して毎年９・３％だった。要するに、かなりの高度成長期だった。

しかもインフラ整備が進み、この10年間で鉄道は３７９３キロ、道路は２・１万キロも建設され、国道のネットワークも完成した。

１９３５年からは義務教育が導入され、29年の児童の就学率がわずか17・１％にすぎなかったのが、36年には43・４％に達している。

しかも言論の自由がジャーナリズムを活発にしたため、１９３５年の時点で、中国国内では６５０紙以上の新聞が存在した。現在よりも多いのだ。

この10年間は、ある意味ではもっとも自由で繁栄した時代といえるのだが、そうしたことは中国共産党によって完全に抹消され、むしろ全国民が食うや食わずの生活をさせられた暗黒時代だったとされた。

捏造された「四大家族」の罪

中国共産党がでっちあげた中華民国の「暗黒史」の一つが、「四大家族による中国支配」という物語である。

すなわち、中華民国政府の指導者である蔣介石一族、蔣介石夫人の宋美齢《そうびれい》とその兄の宋子文《そうしぶん》一族、宋美齢の義理の兄の孔祥熙《こうしょうき》一族、中華民国政府高官の陳果夫《ちんかふ》・陳立夫《ちんりつふ》一族という四つの家族が、政治や経済を独占し、中国を支配したというストーリーだ。私も子供時代に、この話をずいぶん聞かされた。

しかし、あとになって、これらの話は、ほとんど嘘だったことが判明した。

たとえば宋子文はたしかに一時、広東省財政部長、国民政府財政部長、上海の中央銀行総裁などを歴任し、中華民国の財政を担当した。

しかし、国民政府が第2次国共内戦に敗れると、彼はアメリカに亡命し、１９７１年に一生を終えた。そのとき判明した宋子文の遺産は、わずか１００万ドル程度だったという。たしかに大金ではあるが、当時の価値でもせいぜい数億円程度だ。

宋家は辛亥革命の前から資産家であり、宋美齢は蔣介石に、姉の宋慶齢《そうけいれい》は孫文に嫁いでいたことを考えると、１００万ドルの資産と

宋美齢

宋子文

孔祥熙

いうのは少なすぎるだろう。中国を支配していたというのならば、何百億円、何千億円もの財産があってもおかしくない。いや、むしろそのくらいなくては、つじつまが合わない。

　中国共産党の最高意思決定機関である党中央政治局常務委員会の元メンバーで、党内序列9位だった周永康《しゅうえいこう》は、2014年に汚職容疑で失脚したが、その不正蓄財は1兆3000億円にものぼるといわれている。それに比べて、「中国を支配していた」という宋子文の財産はあまりにも貧弱だ。

　同じくアメリカに亡命した陳立夫も生活に困窮し、孔祥熙から2万ドルを借りて養鶏場を経営して暮らしていた。のちに新聞記者の取材を受けたとき、彼は「四大家族」のことを聞かれ、「私が本当に四大家族なら、いまここでニワトリの世話をしているはずがないではないか」と答えている。

　陳兄弟については、かなり品行方正で、妻以外に愛人をつくったこともないことがわかっている。

　むしろ、本当に中国を私物化したのは、先の周永康をはじめ、中

宋慶齢

孫文

陳果夫

陳立夫

国共産党の幹部たちのほうだ。習近平は2012年11月の総書記就任以降、反腐敗運動を展開し、5年間で200万人以上もの汚職官僚を処分している。しかし、2016年に流出した「パナマ文書」では、習近平の親族がタックスヘイブンに数兆円の資産を保有していることをはじめ、中国共産党の高級幹部の不正蓄財が明らかになっている。その規模は1兆〜4兆ドルにも達すると見られている。

中国の国富を貪《むさぼ》っているのは、四大家族と共産党幹部のいったいどちらなのだろうか。

正統性をでっちあげる中国共産党

2015年9月3日、中国は北京で「抗日戦争勝利70周年記念式典」を開催し、盛大な軍事パレードを行った。

そこで習近平が発表した談話は、次のようなものであった。

「本日は世界の人々が永遠に記念すべき日です。70年前の今日、中国人民は14年間の長きに及ぶ非常に困難な闘争を経て、中国人民抗

周永康

日戦争の偉大な勝利を収めたことで、世界反ファシズム戦争の完全な勝利を宣言し、平和の光が再び大地をあまねく照らしました。

ここに私は中共中央、全国人民代表大会、国務院、全国政協、中央軍事委員会を代表して、抗日戦争に参加した全国の元兵士、元同志、愛国者の人々および抗日将兵に、中国人民抗日戦争の勝利に重大な貢献をした国内外の中華民族の人々に、崇高な敬意を表します。侵略に抵抗する中国人民を支援し、助けた外国の政府および友人に心からの感謝の意を表明します。本日式典に参加した各国の来賓と軍人友人の皆さんに、熱烈な歓迎の意を表明します。

中国人民抗日戦争と世界反ファシズム戦争は正義と邪悪、光と闇、進歩と反動の大決戦でした。あの凄惨な戦争において、中国人民抗日戦争は最も早く始まり、最も長く続きました。侵略者を前に中華民族の人々は不撓不屈で、血みどろになって奮戦し、日本軍国主義侵略者を徹底的に打ち負かし、5000年余り発展した中華民族の文明の成果を守り、人類の平和事業を守り、戦争史上における奇観、中華民族の壮挙を築きました。

（中略）

あの戦争において、中国人民は大きな民族的犠牲によって世界反ファシズム戦争のアジアの主戦場を支え、世界反ファシズム戦争の勝利に重大な貢献を果たしました。中国人民抗日戦争は国際社会の広範な支持も得ました。中国人民は中国抗日戦争の勝利への各国の人々の貢献を

永遠に銘記します」（「人民日報日本語版」2015年9月3日付）

はっきり言って、この言葉のどこにも真実が見当たらない。

この前年の2014年9月3日、北京の人民大会堂で開かれた「抗日戦争勝利69周年を記念する座談会」において、習近平は重要講話のなかで、

「8年にわたる抗日戦争を通して、中国人民は日本の侵略者を打ち破り、日本軍国主義の完全な失敗を宣言し、中国人民抗日戦争と世界の反ファシズム戦争の徹底的勝利を宣言した。

（中略）

中国人民の抗日戦争において中国共産党は常に中心的力であり、主導的な役割を果たしている」

と述べている。

このとき私は、真実なのは日中戦争の「8年間」という年数だけだと思っていたが、2015年にはそれが「14年間」に大幅水増しされている。

これまで中国は1937年の盧溝橋事件を抗日戦争の始まりとしていたが、それを1931年の柳条湖事件までさかのぼり、抗日戦争は14年間続いたと主張し始めたのだ。要するに、中国共産党がいかに抗日戦争を戦い、勝利してきたかを強調しようとしているわけだが、年数すら1年で簡単に変えてしまうのだから、ご都合主義きわまりない。

しかも、このとき日本軍と戦っていたのは、前述したように、中国共産党ではなく、中華民国国民政府（国民政府）だった。また、日本は中国に負けたわけでもない。

日本が負けたのはアメリカとの戦いであり、1945年8月15日に日本が敗戦した際、日本の支那派遣軍は中国の大半を支配し、しかも105万人程度の兵力はほとんど無傷だった。

要するに日本は、アメリカに敗戦したことによって、形式的に連合国軍に全面降伏することになり、そのなかで連合国の中華民国にも降伏したことになった、というだけなのだ。それだけの話であって、「中国人民は日本軍国主義の完全な失敗を宣言した」はまったくの虚言である。

しかも、「中国人民抗日戦争と世界反ファシズム戦争は正義と邪悪、光と闇、進歩と反動の大決戦」「中国人民は抗日戦争と世界の反ファシズム戦争の徹底的勝利を宣言した」などという自画自賛は、笑止千万だ。

そこでいう「反ファシズム戦争」とは、当然、ヨーロッパ戦線における対ナチスドイツ勝利も含まれているはずである。通常、「反ファシズム」といえば、対ナチスドイツを指すことが常識だからだ。

しかし、ヨーロッパ戦線における対ナチスドイツ作戦は、日中戦争とは何の関係もない。ヨーロッパ戦線で中国人民が戦うことはなかったし、中国とも中国共産党とも何の関係もないのだ。

八路軍の意味を説明できない中国共産党

日中戦争時において、中国共産党がどのような働きをしたのかについて、もう少し詳しく見ていこう。

中国共産党は、日中戦争において、現在の人民解放軍の前身である八路軍が主力部隊だったかのように喧伝《けんでん》している。だが、これは真っ赤な嘘だ。そもそも現在の中国でも、なぜ中国共産党の軍が「八路軍」という名称なのか、知っている者は少ない。

私も子供の頃、八路軍という固有名詞は出てくるが、なぜ「八」なのか、ほかの七路軍や九路軍などはどうしたのかといった説明は一切なかった。じつは、そのようなものはなかったのだ。

1937年7月に盧溝橋事件が起こると、中国共産党は抗日全面戦争を蔣介石に呼びかけた。同年8月、国民党軍が上海の日本租界に進駐し、攻撃を始めた。これに応戦するために日本軍が派遣されて軍事衝突となった。いわゆる第2次上海事変である。これを機に国民党と中国共産党が接近し、9月末に蔣介石が「国共両党の第2次合作に関する談話」を、共産党中央委員会が「国共合作に関する宣言」を発表した。

これにより、第2次国共合作が成立し、中国共産党軍が国民政府軍の指揮下に入ることになった。国民政府軍は「国民革命軍」とも呼ばれ、一路軍から二十九路軍まであったが、中国共産党軍はその一部の「国民革命軍第八路軍」（八路軍）と「国民革命軍新編第四軍」（新四軍）として編入されることになった。もちろん国民革命軍の最高指揮官は蔣介石である。

そもそも国民党軍の一部に編入されただけであり、国民革命軍第七路軍や国民革命軍第九路軍はあったが、共産党軍としての「七路軍」「九路軍」などは存在しなかった。だから中国共産党は、八路軍しか語ろうとしないのだ。

したがって、日中戦争の中心は、紛れもなく国民政府軍と蔣介石だったのだ。ちなみに、八路軍は便衣兵（市民と同じ服を着て民間人に偽装して敵対攻撃を仕掛ける軍人）によるテロやゲリラ戦ばかりで、およそ正規軍同士の戦いとはいえなかった。

中国共産党が現在も日本軍に大勝利した戦いとして喧伝しているのが、「平型関《へいけいかん》の戦い」である。1937年9月、華北・山西省《さんせい》に進攻した日本軍を、八路軍が平型関で完膚《かんぷ》なきまでに殲滅《せんめつ》したというものだ。たしかに、この平型関の戦いには林彪率いる部隊が参加している。

しかし、主力は国民党軍であり、共産党軍はごく一部の局面に参加したにすぎない。それも、正面からではなく、ほとんど丸腰の補給部隊（自動車隊と行李《こうり》隊）に奇襲をかけたものだ。それで大勝したと言っているのだ。

結局、その後に日本側の援軍が来て、中国軍は撤退するのだが、日本側の死者1500人、中国側の死者はその数倍ともいわれている。

中国共産党は、このような「戦果」を針小棒大に宣伝し、抗日戦争を共産党軍が主導し、日本軍国主義を打ち破ったという嘘のストーリーをでっちあげているのである。

また、新四軍にいたっては、日本軍とほとんど戦っていない。

このように、中国共産党軍は日中戦争で力を温存していたため、日本の敗戦後、第2次国共内戦で国民党軍を打ち破ることが可能となったのである。

敗走を「討伐」だと言い換える

ろくに戦ってもいないにもかかわらず、抗日戦争の主役だったかのように歴史を捏造《ねつぞう》する中国共産党だが、負けたのを勝ったかのように言いふらすのも、また共産党である。

1930年代、毛沢東は中国共産党内の権力基盤を固めると同時に、中国工農紅軍（紅軍）の勢力を拡大し、江西省、湖南省などの中国南部で革命根拠地をつくっていった。紅軍の伸長を脅威と捉えた国民政府の蔣介石は、これを殲滅すべく、紅軍への攻撃を開始した（掃共戦）。

その戦いで紅軍は大敗し、34年から、毛沢東らは根拠地を放棄して潰走《かいそう》を始めた。

そして約1万2500キロメートルの逃亡行軍の末、1935年10月、陝西《せんせい》省延安《えんあん》近辺にたどり着いた。1936年10月までに残りの軍も合流した。

この逃亡劇の最中、脱落者が続出し、十数万人いた紅軍は数千人にまで減ったといわれているが、毛沢東の権力基盤はかえって強まった。そしてたどり着いた延安を拠点として、革命運動を展開したわけである。

とはいえ、国民政府軍に追われて逃げたという不名誉な事実は変わらない。そこで中国共産党は、この逃亡行軍を「長征」と名づけて、逃げたのではなく、敵を討伐するために北上したことにした。では誰を討伐しにいったのか。

中国共産党は、日本侵略軍と戦うために北上したと理由づけている。だが、当時はまだ日中戦争が起こる前であり、陝西省延安には日本侵略軍などいなかった。

「長征」などという名称自体が、嘘以外の何物でもないのだ。

増え続ける抗日戦争犠牲者

中国共産党政権が誕生してから、抗日戦争による中国軍民の死傷者は、年を追うごとに増え続けている。

たとえば、習近平は前述の抗日戦勝69周年記念式典をはじめ、さまざまな公式の場で、抗日戦争中の中国軍民の死傷者は3500万人だと述べている。また、中国がこうむった直接の経済損失は1937年の価格換算で1000億ドル、間接的な経済損失は5000億ドルとしている。

だが、この死傷者3500万人という数字の根拠について、習近平は一切、示していない。中国政府にも、中国国内の研究でも、この数字を立証する論文はまったくない。つまり何の根拠もないのだ。

そもそも1950年、中国共産党政権が樹立した直後に発表された中国での日中戦争犠牲者数は1000万人だった。それが85年には2100万人になった。そして江沢民政権のもとで反日教育が始まり、95年になると、この3500万人になってしまった。

つまり、45年間で3・5倍に膨れ上がったことになる。その理由について、中国共産党も誰も説明していない。

習近平が口にする経済損失の額については、最近になってよく中

2015年9月3日に北京で行われた抗日戦勝70周年式典で演説する**習近平**

国でいわれるようになったものだが、これについても何の根拠も示されていない。単にキリのいい数字を並べているだけで、どう考えても空想や虚構の世界から出てきた数字だとしか思えない。

習近平の父親は、中華人民共和国の成立、すなわち中国革命を支えた元勲の一人、習仲勲《しゅうちゅうくん》である。習近平は、いわゆる革命を経験した中国共産党の幹部の子弟である「太子党《たいしとう》」の一人だが、すでに革命世代の時代は終わり、中国共産党の正統性も薄れてきた。共産主義を掲げているものの、誰も信じていない。

習近平政権において、共産党一党独裁の正統性を強調するためには、反日抗日をテコにするしかないのである。そのため、抗日の被害を極大にし、それに打ち勝った中国共産党という神話を強化せざるをえないのである。

天から地へ、地から天へと二転三転する人物評価

中国共産党政権が樹立されてから、歴史の歪曲《わいきょく》や捏造、粉飾はさらに激化していった。

1949年10月1日、毛沢東が天安門で式典を開き、中華人民共和国の建国を宣言した。

1953年、中国共産党は当時の式典の様子を記録するために、有名な芸術家である董希文《とうきぶん》

という人物にその場面の絵画制作を命じた。その絵画は「開国大典」と名づけられた。

絵画が完成すると、１００万枚以上もコピーされて、全国で配布された。当時の教科書にも掲載され、あちこちの職場にもこの絵画が飾られた。

当初、この絵画に描かれていたのは、毛沢東主席のほか、人民政府副主席に選ばれた朱徳、劉少奇《りゅうしょうき》、宋慶齢、李済深《りさいしん》、張瀾《ちょうらん》、高崗《こうこう》と、国務院総理に就任した周恩来《しゅうおんらい》らだった。

このうち高崗が１９５４年に劉少奇との権力闘争に敗れて失脚し、自殺した。そこで中国共産党は董希文に対して「開国大典」の修整を命じた。そうして１９５６年に修整作業が終わると、キャンバスからはいちばん端にいた高崗の姿が消されていた。

その後、１９６８年になると、今度は劉少奇が文化大革命によって批判され、失脚した。劉少奇は監禁されたまま、病気になっても手当てすらされずに非業の最期を迎えた。当然、「開国大典」も修整作業が行われ、劉少奇の姿が消された。

周恩来

しかし、劉少奇は絵画の真ん中付近に描かれていたため、単に消しただけでは不自然なスペースができてしまう。そこで、かつて毛沢東とともに第1回党大会に参加した董必武を描き入れた。当時、董希文は末期がんだったが、中国共産党はそんなことはお構いなしに修整作業をさせている。

ところが、修整後に困る事態となった。毛沢東が死去し、文化大革命が終結すると、中国共産党は劉少奇の名誉を回復させたのだ。そうなると、消した劉少奇をもう一度描き戻さなければならないが、董希文はすでに死去していた。仕方がないため、現在でも劉少奇が消されたままのものが流布《るふ》している。

失脚した人物を消すことは絵画のみならず、写真でもよく行われている。たとえば、1962年にソ連（現・ロシア）を訪問した周恩来が帰国した際、毛沢東、劉少奇、朱徳が空港で出迎えた写真があったが、劉少奇の失脚後にはその姿が消された。

また、1976年9月9日に毛沢東が死去し、葬儀が行われた。そのとき撮影された写真には、葬儀に参列した江青《こうせい》をはじめとする張春橋《ちょうしゅんきょう》、姚文元《ようぶんげん》、王洪文《おうこうぶん》の文革四人組が写っていたが、四人組の失脚後には写真から消された。

さて、劉少奇といえば、中国建国当時は人民政府副主席を務め、1959年からは毛沢東に代わって国家主席になった人物だ。後述するが、毛沢東は58年から行った大躍進政策が大失敗に終わったため、その責任を負うかたちで、国家主席の座を劉少奇に渡さざるをえなかった。

もともと劉少奇は、毛沢東の忠実な部下であり、「毛沢東万歳」と真っ先に声をあげ、毛沢東の個人崇拝を推し進めた。「毛沢東思想」という言葉を初めて使ったのも劉少奇である。だから毛沢東も、周恩来より劉少奇を信頼していたとされる。

だが、文化大革命は、毛沢東が威信と権力を取り戻すための奪権闘争だった。そのため、失脚させられた劉少奇は諸悪の根源として糾弾された。

この劉少奇ほど、その評価が天国から地獄へと180度変わった人物もめずらしい。文化大革命で失脚したあとの1968年10月に開かれた中国共産党第8期中央委員会拡大総会では、中央専門案件審査小組の審査報告に基づき、劉少奇は「裏切り者、敵のまわし者、労働貴族」と断罪された。

以下は、その公報の一部である。

「総会は、中央専門案件審査小組の、『裏切り者、敵のまわし者、労働貴族劉少奇の罪悪行為についての審査報告』を批准した。この報告は、党内一番の資本主義の道をあゆむ実権派劉少奇が、党内にひそんでいた裏切り者、敵のまわし者、労働貴族であり、おびただしい罪悪行為をかさねた、帝国主義、現代修正主義、国民党反動派の手先であることを十分な証拠をあげてあきらかにしている。総会は、プロレタリア文化大革命のなかで党と革命的大衆が劉少奇の反革命の正体をあばきだしたことは、毛沢東思想の偉大な勝利であり、プロレタリア文化大革命の偉大な勝利であることを確認した。総会は、劉少奇の反革命の罪悪行為にたいしてきわめて大きな革命的義憤をしめし、劉少奇を永遠に党から除名し、その党内外におけるあらゆる職務を解任し、ひきつづき劉少奇およびその一味の、党を裏切り国を裏切った罪悪行為を清算するという決議を一致して採択した。総会は、全党の同志と全国の人民がひきつづき革命的大批判を深くくりひろげ、劉少奇ら党内最大の資本主義の道をあゆむひとにぎりの実権派の反革命修正主義思想を一掃するようよびかける」（「北京週報日本語版」１９６８年11月５日付）

そして劉少奇を永遠に中国共産党から除名し、党内外の一切の職務を解任する処分が決定された。

劉少奇が断罪された理由としてあげられたのは、単なる路線対立やイデオロギー対立ではなく、劉少奇の過去の経歴であった。前掲した公報のように、「国民党反動派の手先」、つまり「蔣介石の手先」とまで断じている。だが、さすがに中国共産党の最高指導者の一人である劉少奇が、蔣介石の手先であるはずはない。経歴を公然と捏造して、政敵を徹底的に追いつめるのは、中国共産党の常套手段である。

文化大革命の評価も変化

しかし、毛沢東が死去して文化大革命が終わり、劉少奇の盟友である鄧小平が政権を握ると、劉少奇への評価はまた一変する。

1980年2月、中国共産党中央委員会が採択した「劉少奇同志名誉回復についての決定」は、1968年に出された断罪のための審査報告を資料のでっちあげによる冤罪《えんざい》だと認め、それらを撤回すると決定した。

以下、発表の一部抜粋である。

「劉少奇同志の名誉回復は、5中総（中央委員会第5回総会）のいまひとつの主要議事日程であった。総会は次のように認めた。元中国共産党中央副主席、前中華人民共和国副主席、偉大なマルクス主義者・プロレタリア革命家劉少奇同志は、数十年以来一貫して党と人民に忠誠を尽くし、全生涯をプロレタリア革命の事業にささげ、わが国の新民主主義革命、社会主義革命、社会主義建設のなかでの不朽の功績をたてた。文化大革命の前夜、党内および国内の情勢について現実に反した評価を行ったため、党内の反革命修正主義路線の存在が提起され、その後さらに、劉少奇同志をはじめとするブルジョア司令部なるものの存在が提起されるにいたったが、こうした論断は完全な誤りであり、成り立つものではない。林彪・『四人組』一味は党と国家の最高指導権を奪い、プロレタリア独裁をくつがえす反革命的目的から、こうした状況を利用し、資料をでっちあげ、劉少奇同志に対して意識的な政治的迫害と肉体的迫害を加えるとともに、多数の党・政府・軍の指導幹部を劉少奇の代理人としてすべて打倒し、きわめて深刻な結果を招いた。それはわが党の歴史における最大の冤罪事件であり、徹底的に名誉回復を行わなければならない」（尾崎庄太郎『劉少奇の悲劇』日中出版）

劉少奇が断罪されたのが１９６８年、名誉回復が80年。わずか12年間で、「裏切り者、敵のまわし者、国民党反動派の手先」と罵倒された人間が、「偉大なるマルクス主義者・プロレタリア革命家、数十年以来一貫して党と人民に忠誠を尽くし、不朽の功績をたてた」とまで称賛された。いったい、本当の劉少奇はどこにいるのか。

そもそも、中国共産党の歴史のなかに、本当の劉少奇は存在しない。劉少奇の人物像に、中国共産党はまったく関心を持っていないのだ。１９８０年に劉少奇の名誉回復が行われたのは、当時の最高指導者である鄧小平が、自らの政治路線を進めるために、かつての盟友である劉少奇を再評価する政治的必要があったからだ。

中国にとって、歴史とはあくまで政治に利用するものなのだ。

たとえば、毛沢東が主導し、中国全土を大混乱に陥《おとしい》れた文化大革命について、中国共産党は1981年に「文化大革命は動乱と災難」であり、「毛沢東の誤った認識が引き起こした」としていた。

だが、2018年3月から中国の中学校で使用され始めた新しい歴史教科書では、「動乱」「災難」という文言や、「毛沢東の誤った認識」といった表現は削除され、毛沢東の判断は間違っていなかったことにされた。

「社会主義強国」を目指し、自身の独裁強化と毛沢東主義を復活させようとしている習近平にとって、「毛沢東の過ち」はなるべく触れたくないことなのだろう。

天安門事件はいまだ封印解かれず

また、中国ではいまだに、1989年6月4日の天安門事件について公に語ることはタブーとされている。そのため、事件に関連した人物の存在が抹殺されてきた。

たとえばかつて総書記を務めたものの、その失脚と死が天安門事件のきっかけとなった胡耀邦《こようほう》、そして天安門事件の混乱を止めることができず、かえって拡大させたということで失脚した趙紫陽《ちょうしよう》は、完全に中国共産党の歴史から無視されてきた。

中国共産党の最高指導者は、毛沢東から鄧小平、そしていきなり江沢民になったことにされてきたのだ。

趙紫陽は（当時は首相）、１９８４年にイギリスのサッチャー首相（当時）との香港返還合意文書に調印した人物である。香港は97年に中国へ返還され、その式典にはサッチャー元首相も招かれていた。だが、そこに失脚した趙紫陽の姿はなかった。それまでの功績もすべて消されてしまったのだ。

趙紫陽は２００５年1月に死去したが、新華社通信が打った訃報は、じつに寂しいものだった。その全文は次のようなものだ。

「趙紫陽同志は長年、呼吸器系と心臓血管系の各種疾患のため、何度も入院治療を受けていた。しかし最近、病状が悪化し、あらゆる救急治療を受けたが効果がなく、17日朝、北京の病院で死去した。享年85」

仮にも総書記を務めた人物の訃報なのに、経歴は一切、掲載されていない。

２０１４年8月、鄧小平の生誕１１０周年を迎え、中国中央テレビは、「歴史転換期の鄧小平」という全48話のテレビドラマを放映

胡耀邦

した。これは文化大革命末期の1976年から改革開放路線が本格化する84年までの8年間の鄧小平と周辺人物を描いたものだった。だが、そこには趙紫陽が一切登場しなかったという。ちなみに、趙紫陽はその実績が鄧小平に認められ、79年に政治局委員、80年には中国共産党中央政治局常務委員に就任している。

趙紫陽は胡耀邦とともに鄧小平を支える「車の両輪」にたとえられ、鄧小平も「天が落ちても二人が支えてくれる」と語っていたほど、かつては二人を信頼していた。そのような重要人物が、鄧小平の物語に登場しないというのはありえない。

趙紫陽に代わって、このドラマで脚光を浴びたのは、習近平の父親である習仲勲だった。習仲勲は鄧小平の中心ブレーンとして、改革開放を推進させた功労者として描かれていた。

だが実際には、習仲勲はその当時、広東省の書記で地方幹部にすぎなかった。どう考えても、党の最高指導部のメンバーだった趙紫陽のほうが重要人物である。にもかかわらず、習仲勲が持ち上げられたのは、いうまでもなく、習近平の神格化の一環であろう。

趙紫陽

陝西省富平《ふへい》県にある習仲勲の墓は現在、すっかり観光地化したが、外国人は立入禁止になっている。また、かつて習仲勲の墓を巨大な陵墓に改築した陝西省党書記の趙楽際《ちょうらくさい》は、習近平政権において党中央政治局常務委員に大出世している。

なお、胡耀邦についてはは２０１５年に生誕１００周年を迎え、再評価する動きが出てており、中国中央テレビは胡耀邦生誕１００周年記念番組を放送している。しかし番組中、１９８２年9月に胡耀邦が共産党総書記に就任したことを伝える「人民日報」が映し出された際、本来そこにいるはずの趙紫陽の写真が外され、代わりに李先念《りせんねん》の写真に差し替えられていたという（「朝日新聞」２０１５年11月24日付）。

中国ではいまだに、政治情勢にあわせて、歴史の捏造や改変が進行中なのである。

フルシチョフとの見栄の張り合いで始まった「大躍進政策」

中国共産党による嘘が嘘を呼び、数千万人もの餓死者を生むことになったのが、１９５８〜61年にかけて毛沢東が主導した「大躍進政策」である。

餓死者の数は１０００万人から４０００万人のあいだともいわれているが、戦争状態でもないのに、短期間でこれほどの犠牲者が出たというのは、きわめて異常なことである。

中国共産党は、この3年間の大飢饉《ききん》を「3年自然災害」と表現している。私が子供の頃も、自然災害のために大飢饉が起こったと教えられた。

しかし、それはまったくの嘘である。

たとえば、岩波書店から1999年に刊行された『岩波現代中国事典』という書籍があるが、この事典にも「3年自然災害」という項目があり、冒頭からこう記している。

「1958年の大躍進政策の失敗で、59年から61年までに2000万から4000万人という史上空前の大量の餓死者を出した事態。中国では〝自然災害〟と呼んでいるが、政治的要因も多く〝天災〟ではなく〝人災〟だったともいわれている」

この『現代中国事典』は、早稲田大学大学院アジア太平洋研究科名誉教授の天児慧氏や東洋学園大学教授の朱建栄氏らが編者となっており、決して中国批判を目的とした反中本ではないことは明らかだ。

さらに、この項目では次のような分析が続く。

「この惨禍について、中国当局は〝経済混乱期〟があったことを認めたが、その原因は〝自然災害、ソ連の（対中援助の）契約破棄、一部指導上の誤り〟と主張してきた。しかしその後の研究によれば、この期間に重大な自然災害は発生しておらず、また〝ソ連の契約破棄〟も食糧生産にはほとんど関係がなかった。つまりこの大量餓死事件は人為的な原因による〝人災〟であることが明らかにされている」

このように、中国共産党に対して決して批判的な立場ではない学者によって編集された事典においてさえ、「3年自然災害」は「人災」だと明記されているわけだ。そして、それをつくりだしたのは毛沢東なのである。

この『現代中国事典』には、大飢饉をつくりだした原因として「1958年の大躍進政策」をあげているが、その経緯について興味深いことが記されている。

大躍進政策のスローガンは、「鉄鋼などの生産高でイギリスに追いつき、追い越す」というものだったが、これは1957年11月に毛沢東がモスクワを訪問したときに行われた首脳会談において、旧ソ連共産党のフルシチョフ第一書記（当時）の「ソ連は15年でアメリカを追い越す」というスローガンに対し、毛沢東は「われわれ中国は15年で鉄鋼などの主要生産高でイギリスを追い越す」というスローガンを提起したことに由来しているのだという。

要するに、中ソ両国のトップが大風呂敷を広げ合い、国際共産主義運動の主導権をめぐるフルシチョフと毛沢東のつばぜり合いに端を発しているのだ。結局、大躍進の大惨事は、毛沢東の個人的な見栄、野心がそもそもの始まりだった。

当時の中国の年間鉄鋼生産量はせいぜい1000万トン程度しかなかった。だが、イギリスを追い越すために、中国共産党は1958年、いきなり年間2億7000万トンという数字目標を打ち出した。前年のなんと27倍である。ありえないことであり、そのような目標設定は正気とは思えない。

しかし、毛沢東は自らの見栄のために、全国に鉄鋼大生産運動を呼びかけた。現存の製鉄所だけでは鉄鋼生産を27倍にすることは不可能であるため、全国民に号令をかけて鉄鋼生産運動を展開させたのだ。

当時、私はまだ生まれていなかったが、祖父母や父親、教師などの話によると、1958年の中国では、中学校、大学、病院など、誰もが至るところでいっせいに鉄をつくっていた。とはいえ、医者や教師が鉄をつくる方法など知るはずもないし、その施設もない。

結局、みんな適当に石を積み上げ、見よう見まねで原始的な溶鉱炉をつくり、伐採した樹木を燃やし、各家から集めた鉄鍋などを溶かして鉄をつくっていた。もっとも、これは鉄鉱石から鉄をつくる「製鉄」ではなく、すでにある鉄製品を再利用しているにすぎなかった。鉄鋼生産ではなく、まったく役に立たないくず鉄しか生み出されない。

しかし、毛沢東の号令だから、みんなやるしかなかった。

嘘が嘘を呼び数千万人が餓死

当時の中国では、労働人口の9割は農民だった。そのため、鉄鋼大生産運動には農民も動員しなければならない。しかし、農民を農業生産から「解放」して鉄鋼大生産運動に専念させるには、まず食糧の生産を増やさなければならない。余るほどの食糧生産があってはじめて、鉄鋼生産に手をつけることが可能となる。

そこで毛沢東の指導のもと中国共産党は、当時、年間2億5000万トン程度だった全国の農作物生産量の目標値を、1958年にいきなり倍の5億トンに引き上げた。鉄鋼生産量27倍も無茶だが、食糧生産量2倍というのも無茶苦茶である。とくに農作物は工業製品とは違って、天候にも左右され、投入する労働力を増やしたからといって、一定の土地からの収穫高が増えることはない。

当時、中国の農村では人民公社が組織され、農業生産はすべて人民公社が行っていた。毛沢東の号令によって、人民公社の幹部に農産物倍増が命じられた。毛沢東の命令は絶対である。もしできなければ、処罰される。

とはいえ、無理なものは無理である。そこで、全国の人民公社で、収穫量の水増し報告が横行した。とにかく倍増したという結果が出なければ、処罰の対象になるから、誰もが嘘をつかざるをえない。

それでも「倍増」くらいの水増しなら、まだ良心的だが、功名心、出世欲のある幹部は、3倍、4倍と成果をどんどん水増ししていった。

こうして1958年の秋には、どこの人民公社の幹部も「倍増できた」と報告した。これが悲劇の始まりだった。

当時の中国の食糧政策として、人民公社は生産した穀物高に応じて政府への供出が義務づけられていた。当然、生産高が多ければ、政府が徴収する穀物の量も増える。どこの人民公社も「倍増」を報告した以上、それに応じた供出が求められた。しかし、実際には倍増などできていないのだ。

人民公社の幹部たちは、農民たちの食糧として確保すべき穀物までも強制的に差し押さえ、中央政府に供出した。

全国から「食糧生産高の倍増達成」の報告を受けた毛沢東は、翌1959年から、農民たちにも食糧生産より「鉄鋼増産」を優先するように命令した。

すでに嘘の倍増報告によって食糧を取り上げられた農民たちだが、その翌年は農作物をろくにつくらせてもらえないのだ。これで大飢饉が始まらないわけがない。まさに、嘘が拡大再生産され、大きな悲劇を生んでいった。

次々と発表される嘘の「大成果」

１９５８年9月18日、中国全土で大躍進運動が展開されているさなか、共産党中央委員会機関紙の「人民日報」は、中国だけでなく世界をも驚かせるニュースを掲載した。それは、広西省環江《かんこう》県で、１畝《ムー》の試験田としての水田から13万斤《きん》（6万５０００キログラム＝65トン）の稲が収穫されたというものだった。

「畝」というのは中国で耕地を図る単位で、１畝は約６・67アールにあたり、15畝が１ヘクタールとなる。

この記事に従えば、広西省環江県の試験田の稲の収穫量は、１ヘクタール当たりの収穫量は97万５０００キログラム、すなわち９７５トンとなるのだが、そんなことはもちろん１００％ありえない。

稲作の国である日本でも、１ヘクタール当たりの収穫量は平均６０００キログラムだ。60年前の広西省環江県の試験田の収穫量が、現在の日本の平均収穫量の１６２倍以上だったことになる。

どう考えても嘘であることは誰でもすぐにわかる。この「人民日報」が伝えた「1畝の稲収穫量が6万5000キログラム」というのは、広西省環江県の共産党委員会が発表したものである。この異常な数値を、「人民日報」は真実としてそのまま報じたのだ。問題は、水増し部分があまりにも大きかったことである。

当時の中国では、1畝当たりの稲の平均的収穫量はせいぜい300キログラム程度。広西省環江県のそれは、この全国平均を多少上回っている程度だった。つまり広西省環江県の共産党委員会は地元の水田の実際の収穫量より200倍以上も水増ししたことになる。

このような大嘘が発表された背景について、当時、環江県共産党委員会の書記を務めた王定氏は、文化大革命後の1998年に出版した回顧録『私が体験した政治運動』（中央編訳出版社）で詳しく語っている。

前述したように、1958年から毛沢東の主導下で大躍進政策が展開され始めた。毛沢東は自ら、「大いに意気込み、つねに高い目標を目指し、より多く、より早く、より経済的に社会主義を建設する」とのスローガンを「社会主義建設の総路線」として掲げ、工業と農業において高い生産目標の数値を無理やりに設定したうえで、全国の幹部と民衆の尻を猛烈に叩くかたちで数値目標の達成に駆り立てるという手法で運動を進めた。

しかし、工業生産と農業生産の技術的・自然的限界を無視した目標設定はあまりにも非現実的なため、それを任務として完遂する責任を負わされた各地の幹部たちから疑問と反発の声があがり、「そんなことはとても無理だ」と認識した一部の幹部は上位の党委員会や中央に対して苦言を呈したり方針変更を求めたりした。あるいは、一部の幹部は「そんなことはどうせできない」と思って消極的な抵抗を試みた。

このような反発と抵抗に対して業《ごう》を煮やした毛沢東は、直ちに党内において「反右派運動」を展開し、「大躍進」の方針に異議を唱えたり抵抗したりした幹部を右派分子として粛清していった。

前出の王定氏はまさに右派分子に認定されて失脚した一人であり、直ちに環江県共産党委員会書記のポストから解かれたのだが、王定氏の話によると、同じ環江県で彼と同時に罷免された幹部は97人にのぼったという。

罷免された王定氏の代わりに新しい書記が赴任してきたが、前述の「収穫量は6万5000キログラム」の虚言はまさにこの新書記が発表したものである。

前任の書記が毛沢東の大躍進政策に抵抗したことで粛清された以上、新書記としては当然、大躍進政策の積極的な推進者でなければならない。そして自分が前書記とは違う幹部であることをアピールするためにも、そしてさらなる昇進のためにも、新書記はやはり、大躍進のなかでこれといった実績をつくって見せなければならなかったのだ。

「衛星を放つ」競争が激化

結局、実績づくりを急ぐ新書記の功名心が、のちの虚言発表につながる大きな動機だったわけだが、じつはそれ以外にも、もう一つの要素があった。それは、中国全土で「衛星を放つ」と呼ばれる、農業生産量の誇張の競合が始まったことである。

1957年10月、旧ソ連は世界初の人工衛星スプートニクを打ち上げて世界を驚かせたが、それ以来、「衛星を放つ」という言葉が同じ社会主義の中国でもはやった。世の中をびっくりさせるような業績、あるいは何らかの大事を成し遂げたとき、そのことを「衛星を放つ」という言葉で形容するようになった。

そして、毛沢東が進める大躍進政策のなかで、たとえばどこかの地方の農村の人民公社が、課せられた生産目標をはるかに超えたとき、それも「衛星を放った」と称賛され、地方の幹部の大いなる業績として報じられたのである。

そうすると、各地方では功名心に駆られた幹部たち、あるいは右派分子にされたくない幹部たちは、自分の管轄する地方の穀物の収穫量を実際以上に誇張したり、自分たちの試験田が仰天するほどの収穫量をあげたと発表したりして、「衛星を放つ」のである。

全国をあっといわせる「衛星」を打ち上げたのは、まずは河南省遂平《すいへい》県である。1958年6月8日、ちょうど小麦の収穫季節のとき、「人民日報」は、「衛星公社が衛星を放った　5畝の小麦畑で畝当たり1053キログラム　過去畝当たり50キログラムあまりの低生産地で豊作の新記録を樹立」と題する、次のような記事を掲載した。

「河南省遂平県衛星農業社が今年5畝の小麦畑で収穫した小麦は、畝当たり平均実産で1053キログラムとなり、去年の湖北省房県双河農業社がつくった全国小麦畝当たり生産量の最高記録770キロを283キログラムも上回った。

この奇跡的な成果は、この社の中共党委員副書記の王丙寅同志らと第二生産大隊二分隊の社員が協力して栽培育成した豊作試験田でつくりだしたものである。この社では第二大隊六分隊の5畝1厘の田でも畝当たりの小麦の生産量が1000キログラム以上を記録した。

……遂平県はかつては河南省の小麦の低生産地区であり、畝当たりの平均生産量は一般に50キログラムあまりでしかなかった。衛星農業社が今年小麦の高い豊作を記録したことは、低生産地では大躍進はできないという誤った見方を力強く打破した」

そして4日後の6月12日、「人民日報」はまた、「衛星農業社が2つめの『衛星』を放った　2畝9分の畑で畝当たり1765キロ」と題する記事を掲載し、次のような内容を伝えた。

「河南省遂平県衛星農業社第二生産大隊の5畝の小麦畑で畝当たりの平均生産量が1053キ

ログラムだったというニュースが伝えられたあと、この社の小麦は引き続き脱穀をしたが、10日に第一大隊二分隊は2畝9分の畑で5119キログラムの生産量を達成し、畝当たり平均生産量は1765キログラムとなった。

これは第二大隊の最高生産量より畝当たり712キログラムも多く、昨年のこの耕地の畝当たり生産量375キロの4倍以上になった。この奇跡の豊作は、二分隊隊長の陳世俊、副隊長の梁友仁、団支委曹玉娥、技術員陳根と保管員陳紅運など6人の同志が小麦の豊作試験田で育てたものである」

以上は、河南省遂平県から打ち上げられた二つの「衛星」であるが、これ以降、河南省を中心として、さまざまな生産隊から次々と記録的な大増産が報告され、それが「人民日報」で「新たな衛星が放たれた」と報道された。

こうした各地の競い合いの結果、「衛星」と呼ばれるような畝単位の穀物生産量は徐々につり上げられていくこととなった。

1958年6月30日、「人民日報」は河北省で打ち上げられた「衛星」を取り上げ、「卓頭村の社が小麦の豊作で新たな奇跡を更新　畝当たり2500キログラムの大台越え」とのタイトルで、次のように報じた。

「河北省安国県南婁底郷卓頭村農業社は小麦の畝当たり生産量2550キログラムの全国最高

記録をつくった。……彼らは共同で1畝7分の試験田で、合わせて4338キログラムの小麦を生産した。1畝当たり平均生産量は2550キロである」

7月下旬になると、「衛星」となる畝当たり生産量は倍増した。7月31日、「人民日報」は「早稲の畝当たり生産量5000キログラムを超える　春光農業社が5299キログラムの最高生産量記録をつくる」と題して、こう報じた。

「湖北省応城県春光農業社第24生産隊隊長の甘銀発と数人の共青団員は1区画の試験田で協力して稲を植え、早稲の高生産の『衛星』を打ち上げた。彼らのこの試験田は1・613畝であり、28日に刈り取り、29日に脱穀が終わり、8547キログラムの精米を得た。畝当たり平均生産量は5299キログラムに達した」

8月になると、「畝当たり平均生産量1万8450キログラム」の衛星がとうとう放たれた。1958年8月13日、「人民日報」は「麻城建国一社で天下第一の田が出現　早稲の畝当たり生産量1万8450キログラムあまり」と大々的に報じた。

こうして、全国で打ち上げられた農業大増産の「衛星」は、1958年6月段階の「小麦畝当たり生産量1053キログラム」から、同年8月の「早稲畝当たり生産量1万8450キログラム」まで膨らんだ。もちろん小麦と稲とは違うが、わずか2カ月で生産量が18倍になったわけだ。大増産衛星を競い合うなかで、嘘の数字が次第に大きくなって収拾がつかなくなったかたちである。

誰もが虚言の加担者になる社会

前述の広西省環江県の「畝当たり生産量6万5000キログラム」という夢のような数字は、まさにこのような流れのなかで誕生したものである。その虚言がどうやって生まれたのかについて、王定氏は次のように証言している。

前述のように、毛沢東の大躍進政策に抵抗したことで環江県党委書記を解任された王定氏に代わってやってきた新任の書記は、当然のように、大躍進政策の積極的な推進者となった。

新書記は就任早々、全県で動員大会を開き、農業の大増産を誓ったうえで、「全省一、全国一を目指そう！」とのスローガンを掲げて、人々を驚かせるような「大衛星」を打ち上げるために躍起になった。

新書記が就任したのは1958年の8月初旬だったが、前述のように、その時点ですでに「畝当たり生産量1万8000キログラム」につり上げられているから、新書記としては当然、それ以上の「衛星」を打ち上げなければならなかった。

もちろん、「畝当たり生産量1万8000キログラム」の稲を収穫できる水田など、実際にはどこにもない。数字だけ捏造して発表しても、広西省政府や党委員会などの上級機関からの視察や新聞などのメディアからの取材も予想される。

　そこで、新書記としてやることは、一つしかない。県内の農村でいちばんいい水田を選び、ほかの水田から収穫直前の稲を大量に「移植」して、「畝当たり生産量1万8000キログラム」以上の水田をつくることである。

　そのために8月22日、新書記は県の農業担当の幹部、人民公社の幹部を招集して作戦会議を開き、翌日から移植プロジェクトを実施した。

　そして28日までに、県の共産党委員会が人民公社の社員や県党委員会の末端幹部、小中学校の教員や生徒数千人を動員して、移植先として選ばれた試験田に大量の肥料を集中的に投入したあと、県内のあちこちの水田で成長中の稲からすでに成熟しかけている丈夫な稲を選んで抜き出し、試験田の周りに運んでくることになった。

　さらに、30日までの2日間は、あちこちから運ばれてきた稲を試験田に挿し入れる作業だ。

　こうして、試験田がもうそれ以上「移植稲」を挿し入れできないほどの密度になると、「超大増産衛星試験田」の完成である。

　この大仕事を成し遂げると、環江県党委員会は早速、上級機関の広西自治区党委員会と広西省政府に対し、「畝当たり生産量5万キログラム以上」という「大衛星」の打ち上げ成功を報告した。もちろん、ほかの水田からの移植であることは秘密であり、この大収穫は高密度で苗を植える農法「合理密植」の成果だと謳《うた》われた。

自治区党委員会と政府は大喜びで、地域の新聞社やラジオ局に知らせると同時に、自治区内の各地方政府の農業担当幹部、広西大学農学院の教授、自治区農学研究所の研究員などを招集し、9月9日に環江県の衛星試験田の「収穫見学会」を開催することを決めた。

こうしてその日が新書記にとっての晴れ舞台となった。農業担当の幹部、大学教授や研究員、新聞・マスコミ関係者など6000人が「衛星収穫田」の見学に集まるなか、新書記は収穫式典として自ら鎌を手にして最初の一本の稲を刈り取った。その後、400人の人民公社社員が収穫作業に入った。

じつは収穫式典の前に、環江県党委員会はもう一つの演出を行った。密集した水田の稲の上に一人の子供を座らせて、新聞社に写真を撮らせた。のちにこの写真は「人民日報」に掲載され、「大増産衛星」を全国人民に宣伝する材料となったが、現在では中国の大ぼ

密集した稲の上に子供を座らせて「大増産衛星試験田」を宣伝した当時の写真

ら吹き、虚言の歴史的証拠となっている。

収穫式典の話に戻ると、衛星試験田にはすでに大量の稲が移植されたため、大増産になることは間違いないが、問題は、新書記が上級機関に報告した「畝当たり生産量5万キログラム以上」が実現できているかどうかだ。

安心できない新書記は、収穫量の計量でも手を打った。人民公社の社員たちは収穫した稲を計量室に運んで計量、その後、別の社員がそれをいったん外に出してから、再び計量室に運んだ。つまり、二重に計量したわけだ。

ようやく夜になってすべての作業が終わると、統計担当の幹部は6000人の見学者の前で、衛星試験田が「畝当たり生産量6万5000キログラム」を実現したことを誇らしげに発表した。その瞬間、大躍進政策最大の「衛星」が打ち上げられたのである。

嘘を確実なものにするために、環江県党委員会は「畝当たり生産量6万5000キログラム達成！」と大きく書いた特大サイズの紙を用意して、見学に来た自治区の幹部、農業大学の教授や研究員、新聞記者たちにサインさせた。

収穫式典の翌日、新書記は、中央と地方の新聞社や各メディアの記者16人を招いて記者会見を行った。

その2日後の9月12日、広西自治区共産党委員会機関紙の「広西日報」は、一面を使って環江県の「大衛星放つ」を大々的に報じた。記事は当然、環江県党委員会の嘘の発表をそのまま伝えたものであり、前述の「子供が密集した稲の上に座る」写真や、自治区党委員会や政府からの祝賀の手紙なども掲載された。

そして9月18日、天下の「人民日報」も、前述の「子供が稲の上に座る」写真とともに、「畝当たり生産量6万5000キログラム」が、最新の「大衛星打ち上げ」として全国に報じられたのである。

以後、環江県には中国全土から幹部や農業関係者が毎日数千人単位で見学・学習に来るようになった。しかも、騙されたのは中国人だけではない。ベトナムや旧ソ連などの社会主義国家からも、政府関係者や専門家が視察に来たという。

以上は、大躍進運動のなかで、広西自治区環江県のとんでもない虚言が誕生した経緯だ。毛沢東の大号令によって、地方の幹部たちが「虚言の競い合い」を行った結果、常識では考えられないような嘘が「真実」として全国に広がったわけだ。

しかも特徴的なのは、1人、2人だけが嘘であることを知っているのではなく、非常に多くの人々がその嘘に関与していることである。嘘の発案・主導者が環江県共産党委員会の新書記であることは間違いないが、事情を知る環江県の幹部も、「移植作業」に動員された人民公社社員や学校教師も、結果的に虚言の共犯者、協力者となっている。

加えて、「大衛星打ち上げ」を視察した各地の農業専門家や役人らの誰一人からも、このあまりにも荒唐無稽《こうとうむけい》な嘘に異議が呈されることはなかった。

もちろん、当時の中国において彼らは共産党政府の意図を忖度《そんたく》しなければならない立場であるから、真実を知っていてもそれを口にすることは難しい。しかし結果的に、彼ら全員が虚言の加担者になってしまった。そして最後には中国国民だけでなく、外国までもが騙されたのである。

このようにして、さまざまな人々がさまざまな立場と思惑から、環江県共産党委員会の虚言に参加・加担した。当時の中国はまさに「虚言の共同体」である。しかしそれによって、悲惨な目にあったのも、まさにこの「虚言王国」の住人たちであった。

前述したように、当時、人民公社には毎年の農産物の生産量に従って中央政府への納付量が決められていた。

環江県共産党委員会があれほどの衛星を打ち上げて「大増産」を宣言したことで、上級政府機関から例年よりはるかに多い穀物の徴収が課せられた。

この年、環江県政府が上級機関に中告した穀物生産量は1億6500万キログラムだったため、上級機関はそれに基づいて徴収量を7100万キログラムと決めた。しかしこの年、環江県の実際の穀物生産量は1億キログラム程度だった。その結果、この年の生産量の実質7割が徴収されてしまったのだ。

残りの3割が人民公社員の次年度の食料となるわけだが、足りるはずがない。王定氏によれば、その結果、翌1959年には環江県の農村部で深刻な飢饉が起こり、多くの餓死者が出たという。

さらにひどいことに、県内のあちこちで餓死者が出ていても、例の新書記は自らの嘘がばれることを恐れ、徹底した情報封鎖を行って真実を最後まで隠蔽しようとした。

餓死者が出たという衝撃的な事実を知った数名の幹部は自治区政府や中央政府に手紙を出して報告しようとしたが、新書記によって妨害され、そうした幹部らはいっせいに粛清された。

数年後、毛沢東の大躍進政策は劉少奇などの実務派によって是正されたが、環江県で大量の餓死者が出たことに対する民衆の不満を鎮めるために、上級政府は新書記を解任したうえで刑務所に送った。虚言の張本人も、結局、大躍進政策の犠牲者になったのである。

現在も続く中国共産党の嘘

同様のことは、中国各地のいたるところで起こっていた。大躍進政策への批判に対して、毛沢東が反右派運動を展開して反対派を粛清したことはすでに述べたが、そればかりか、倍増ノルマを果たせなかった末端幹部も右派として批判され、農民らはつるし上げられ、家屋を破壊されるなどした。

たとえば、河南省信陽専区で起こった惨劇は、のちに中国共産党の党文書でも「恐怖政治による暗黒世界」と表現されている。

信陽専区は1958年に全国で最初の衛星公社が組織されたが、その党委書記の路憲文は毛沢東に高く評価されていたため、誰も逆らえる者がいなかった。

1998年に刊行された『重要会議体験実録』（中共中央党校出版社）などによると、信陽専区では、生産量を過少申告する農民の摘発運動が展開されたという。数十人の農民が拷問を受ける日もあり、それにより命を落とす者も少なくなかった（産経新聞取材班『毛沢東秘録』扶桑社文庫）。

1959年11月〜60年7月までに、信陽専区で「過少申告摘発運動」で逮捕された者は公式資料だけで1774人、そのうち獄死は36人だとされているが、各種の調査によれば勾留者は1万7720人、留置場での死亡は667人だという。

1960年の穀物生産量は大躍進前の57年に比べて26％も減少し、ひどい村では80日間で一粒の穀物もないという有様だった（前掲書）。

嘘が嘘を拡大再生産し、嘘を疑うものは罰せられ、かといって嘘に従えば餓死が待っている。

現在の中国も経済成長率などの水増し疑惑が絶えないことは周知のことだろう。加えて、習近平の功績が極度に強調され、神格化も進んでいる。

基本的に、この大躍進政策の時代から、中国は何一つ変わっていないのだ。

第2章

なぜ中国人は平気で嘘をつくようになったのか

中国の虚言史の根本にある「易姓革命」

中国でもっとも典型的な嘘は、儒教が理論づけた「易姓革命」だろう。儒教では、天命を受けた有徳の天子が王朝をつくり、万民を統治すると説く。もしもその王朝が徳を失ったならば、天は新たに別の姓の有徳者に天命を与え、新たな王朝を建てる、というものだ。

王朝の姓が易《かわ》る、天命を革《あらた》めるということから、「易姓革命」と呼ぶ。

通常、王朝交代は、新しい勢力が前王朝を滅ぼすことによって成し遂げられるが、この理論により、前王朝は否定され、新王朝が正当化される。前王朝は徳を失い、万民を苦しめた。だから、新たな有徳者が立ち上がり、前王朝を滅ぼし、新たな王朝を開いたという物語がつくられる。

中国史の王朝交代は、つねにこの易姓革命による正当化という欺瞞《ぎまん》が繰り返されてきたともいえる。

たとえば、中国史で実在が確認されている最古の王朝は殷《いん》であるが、その殷の建国者・天乙《てんいつ》は、前王朝の夏《か》の桀王《けつおう》を追放し、夏を滅ぼしたとされる。易姓革命の論理からすれば、桀王は徳がなくなったから追放され、天乙は有徳者だったから新たな王朝を築いたことになる。そのため、中国の歴史書において桀王は希代の暴君とされ、天乙は名君と讃えられるようになった。

もともと暴君だったから滅ぼされたというのが儒教的な易姓革命の論理なのだが、いうまでもなく、滅ぼされたことで、あとから「暴君だった」というストーリーがつけられたのである。「歴史は勝者がつくる」といわれるように、古今東西、勝者が自らの正当性を強調することは少なくない。だが、中国の場合は、儒教によってその正当性を理論化したため、いかなる暴君であろうが前王朝を滅ぼして新王朝を建てれば聖君になることができる。だから王朝交代が頻繁に繰り返されることになる。

そして前王朝を否定するために、過剰なほどのストーリーが脚色されていった。

たとえば、殷の最後の王・紂王《ちゅうおう》は希代の暴虐王として有名である。妲己《だっき》の愛に溺《おぼ》れ、酒の池をつくり、肉を天井からつるして享楽にふけったことから、「酒池肉林」の言葉が生まれたほどだ。

ただ、普通に考えれば、酒の池をつくって肉をつるして食べてもおいしくない。いい皿と食器に乗せて見栄えよくして食したほうがよほどおいしい。だから、このような話は、贅沢のかぎりをつくしたということを強調するための作り話であることは間違いない。

紂王は、火の上にかけた銅製の丸太に油を塗り、罪人にその上を裸足で渡らせ、無事に渡れれば無罪にするという炮烙《ほうらく》の刑を行ったという。罪人たちは必死の形相で丸太を渡ろうとするが、油ですべり、熱さに耐えきれず火に落ちて焼け死ぬ姿を見物しながら、紂王と妲己は笑いころげたといわれている。

こうした紂王と妲己の残忍さは、後世に強調されたものである。とくに、周の基礎を築いた文王とその子供で殷を滅亡させた武王は、儒家にとってもっとも尊敬される人物であり、それだけに殷の紂王の暴虐さが引き立てられた。

紀元前1050年頃、文王の遺志を継いだ武王は、文王の位牌を戦車に乗せて、殷を攻めた。そして紂王を倒し、殷は滅亡した。

翌日、武王は周公などを従えて、殷に代わって天命を受けて王となることを宣言した。こうして周の正当性が打ち立てられることとなった。

現在の中国まで続く「天命論」の欺瞞

しかし、同じ時代に次のような伝説がある。

孤竹国《こちくこく》に伯夷《はくい》と叔斉《しゅくせい》という二人の王子がいたが、父の国王が亡くなったあと、お互いに地位を譲り合って、両方とも国を出た。それで、たまたま周という王朝の文王が有力な君主だと聞いて周に行くことにした。

しかし、周にたどり着いたところ、文王はすでに亡くなり、子供の武王が即位して、殷を討伐する戦争に出ようとしていた。そこで二人は、武王の馬の轡《くつわ》をとらえて諫《いさ》めた。

「あなたはまだ父上の喪中なのに、戦争をしはじめるとは、いったいどういうことか」

しかも殷の王は、周にとっては一応、主君である。

「臣下でありながら、主君を殺そうとするのは、仁といえるのか」

そう訴えた。

しかし、武王は彼らを振り切って殷の討伐に出発、首尾よく殷を潰して周の王朝を建てた。伯夷と叔斉は、周という国の米を食べるのは恥ずかしいということで、山のなかに隠れてワラビだけ食べて餓死した。

このとき彼らが残した言葉は、「暴をもって暴に変わろうとし、その誤りに気づかない」ということだった。つまり、天命によって有徳者が天子になるという易姓革命は、単なる欺瞞であり、中国史における最大の嘘であることを、この寓話が示している。

しかも、この易姓革命の嘘は、いまも続いている。

現在の中国の最高指導者は習近平であるが、その神格化が進んでいる。２０１７年10月の第19回中国共産党大会で、自らの名を冠した「習思想」が党規約に盛り込まれ、２０１８年１月の共産党第19期中央委員会第２回総会（２中総会）では、その「習思想」が憲法にも明記されることが決定した。現役の指導者の名前を冠した政治思想が憲法に取り入れられるのは毛沢東以来で、教育の現場でも彼の政治哲学を教えることが当たり前になりつつあり、ウォールストリート・ジャーナル紙によれば、「今秋には高校で習思想の授業が必修化される」という（2018年7月2日付）。いかに習近平が優れているか、そして中国の指導者にふさわしいかということが喧伝されているのである。あたかも有徳者として、習近平は祭り上げられている。

中国では歴史の粉飾はお手のものである。たとえば、周の十代目の天子は厲王《れいおう》というが、その政治があまりに暴虐であったため、大乱が起こり、厲王は追放された。

その後、空位になった周王朝では、公卿で召公と周公という二人の聖人といわれるような人物が、共同して国を治めることとなった。この時代の年号が「共和」であり、『史記』によれば、共和制の始まりだとしている。

召公と周公は、大乱で追われた厲王の子供をかくまい、身代わりに自分の子を殺して助けた。やがてその子が成人して擁立され、第11代の天子・宣王となったが、それまで召公と周公が行った政治が「共和」だとされる。

しかし、この年号の空位時代には、共伯和という実在の人物が政治を行っていたことがわかっている。つまり、後人が実在の人物を「共和制」という政治体制にすりかえて記録したものであり、時代の粉飾なのである。

嘘を礼賛する儒教

中国人の嘘についてのエピソードとしては、有名な「矛《ほこ》と盾《たて》」の話がある。

楚《そ》の男が市場で矛と盾を売っていた。

「この盾の堅きこと、どんな鋭い矛でも絶対に突き破ることができない」

「また、この矛の鋭さは、天下無双、どんな盾でも突き破る」

これを聞いていた男が、

「じゃあ、そのどんな盾でも突き破る矛で、どんな矛でも突き破ることができない盾を突いたら、どうなるのかね」

と尋ねると、楚の男は詰まって何も答えられなかった。この話は「矛盾」という言葉の語源となっている。

この話は、『韓非子《かんびし》』のなかで語られるエピソードであるが、これは儒家を皮肉ったものだといわれている。

儒家においては、伝説の聖王である尭舜《ぎょうしゅん》の政治が最高で理想であるとしている。尭は舜が世の中の悪を改め、良い政治をしたから禅譲したことになっている。だが、尭が名君であれば、世の中に悪が行われることはないはずであり、舜が世の中の悪を改めることもない。

堯舜とも両方が最高、理想の人物だということだと、話が合わなくなるということで、矛盾のたとえ話をつくったとされている。

このように、儒教の理想というものは、嘘と欺瞞があふれているのだ。

その儒教におけるいちばんの聖人である孔子は、公然と嘘を奨励していた。

『論語』には、「父は子のために隠し、子は父のために隠す、直きこと其の内に在り」という有名な言葉がある。

あるとき、葉公《しょうこう》という人物が孔子に語った。

「うちの田舎には正直者の躬《きゅう》という男がいる。自分の父親が、よそから迷い込んだ羊を盗んで自分のものにしたのを、彼は子供でありながら、父親が盗んだと証言した。どうです、正直者でしょう」

それを聞いた孔子は、

「いや、私の村の正直者は、違っている。父は子のためにその罪を

孔子

隠し、逆に子供は父のために罪を隠す、それこそ正直なのだ」

本来ならば盗みという行為は、当然、悪いことであるが、孔子からすれば、いちばん大事なのは父親と子供の絆《きずな》だということになる。そのためには嘘も認められる。

儒教は家族中心主義であるが、明らかに社会的道徳倫理よりも家族の倫理を上位に置いているのだ。

嘘で殺され、嘘で成功する物語が満載

中国史においては、嘘にまつわるエピソードは枚挙にいとまがない。嘘が当たり前の社会のなかで、損したり得したり、いろんな話が出てくる。

春秋戦国時代、現在の山東省のあたりに、戦国の七雄の一つである、斉《せい》という国があった。その第14代君主の襄公《じょうこう》は、じつは結構とんでもない王で、魯《ろ》の王（桓公）に嫁いだ自分の異母妹（文姜《ぶんきょう》）とも通じ、在位4年にはこの桓公を殺害している。

女色にふけり、重臣との約束を守らない、諫臣《かんしん》をみだりに殺すなど、非道の行いが続いたため、襄公の異母弟は身の危険を感じて、こぞって他国へ亡命している。

それは別として、襄公は在位11年の7月、連称と管至父という二人の将軍に、都の外郭陣地

にあたる葵丘《ききゅう》の守備を命じた。ちょうど瓜が実る季節だったので、「次に瓜が実るときには交替を送る」と言って、1年後には帰してやると約束した。

ところが1年後、再び瓜が熟したにもかかわらず、襄公から交替の命令もこないし、代わりの軍勢もやってこない。

二人がしびれを切らして交替を願い出ると、襄公は、「わしはそんな約束をした覚えがない」と一蹴した。

これに怒った二人は、襄公に冷遇されていた公孫無知《こうそんむち》という王族を奉じて謀反《むほん》を決める。宮殿に探りを入れ、やがて宮殿になだれ込み、襄公はここで惨殺される。

嘘一つで恨みを買い、殺された、王様のばかばかしい物語である。

もちろん、孫子の兵法に「兵は詭道《きどう》なり」という言葉があるように、戦争、政争、権力闘争では、騙し討ちがもっとも上策とされる。

たとえば紀元前531年、楚の霊王が、蔡の霊公を自分の国に招いた。霊公の家臣たちは、楚の霊王は信用できないから行かないほうがいいと忠告したものの、霊公は聞き入れず行ってしまった。霊王は霊公をもてなし、酔い潰してから捕らえて殺害した。

国と国の関係でも、このような騙し討ちがある。兵法者として有名な孫臏《そんぴん》も、かつての学友に騙されて両足を切られている。

孫臏は若い頃、龐涓《ほうけん》という人物と一緒に兵法を学んだ。龐涓は先に出世して魏の将軍になったものの、孫臏の才能が自分より上であることはよく知っていた。いつかライバルになることは間違いない。だから早めに消してしまおうと思っていた。

龐涓は王に推薦すると言葉巧みに孫臏を誘い、密かに魏に招いた。そして、魏の国に入った孫臏に対し、スパイの冤罪に陥れた。孫臏は魏の法律によって両足の筋を切られ、顔に入れ墨を施され、監禁されてしまう。

幸い、孫臏は斉の国の使者に密かに会い、その非凡なる才能を認めた使者は彼をこっそり斉に連れて帰った。後年、孫臏は斉で出世し、最後には魏との戦いにおいて、孫臏が謀略を使って龐涓を死に追いやった（馬陵《ばりょう》の戦い）。

一緒に兵法を学んだ学友であっても、ライバルを消すためならどんな謀略でも使う。それが中国なのだ。

孫臏

旧友を騙すのも中国の常套手段

かつての友人を騙し討ちで仕留めた者に、変法《へんぽう》（国政改革）を行い、秦《しん》を強国にし、のちの始皇帝による統一を可能とする基礎固めを行った、商鞅《しょうおう》がいる。

商鞅はもともと、魏の恵王の宰相である公叔痤《こうしゅくざ》の食客となった。公叔痤は恵王に後継の宰相として商鞅を推挙した。しかし恵王は、これを受け入れなかった。

公叔痤は商鞅に対して、「わしは、恵王が商鞅を用いないなら、これを殺すべきだと進言した。だからお前は早く逃げろ」と言ったが、商鞅は、「恵王が私を用いるべきとの進言に耳を貸さないなら、私を殺せという進言にも耳を貸さないだろう」と述べて、逃げることはなかった。そして、まさにそのとおりになった。

やがて商鞅は魏を出て、秦へ行き、そこで孝公に重用されるようになった。

先の馬陵の戦いにより魏が敗れたのに乗じて、秦は魏を討伐した。このとき、秦の司令官は商鞅、魏の司令官は公子卬《こうしこう》だった。

じつは、そこでまた同じ話が繰り返される。

商鞅と公子卬とは、旧友だった。そこで商鞅は公子卬に手紙を送り、「今はお互いに別々の国の将軍となっているが、昔のよしみで、会って和平を誓い、ともに楽しく飲んで、戦争をやめよう」ともちかけた。

公子卬はこの招きに応じて、約束の場所へ行き、商鞅と一緒に酒を飲んでいた。すると、隠れていた商鞅の兵たちが飛び出して、公子卬を捕虜にした。こうして、商鞅の軍は大勝した。

これらの故事は、すべてかつての友人を騙し討つというものだ。中国が人間不信の国だといわれるのは、どんなに親しい者同士でも、敵になれば騙し合い、殺し合うからだ。

ところで、商鞅の最期は非常に悲惨だった。商鞅は孝公を助けて、改革を断行したが、それは秦の貴族たちの特権を奪うことだった。そのため、商鞅は多くの恨みを買った。

やがて孝公が死んで次の王が立つと、商鞅に恨みを持つ貴族たちから、「もともと外国人の商鞅は秦の者ではない。謀反の計画がある」と讒言《ざんげん》される。

中国の権力闘争においては、冤罪で政敵を追い落とすのが常套手段である。商鞅は冤罪を着せられ、役人に追われる身となった。

商鞅

逃亡した商鞅が宿屋に泊まろうとしたところ、自分がつくった法律により「証明書のない者は泊められない」と断られてしまう。商鞅は魏に亡命しようとしたが、この国では商鞅が公子印を陥れて殺したことを恨んでいたので、受け入れてもらえなかった。

結局、商鞅は秦の兵に捕らえられ、最後は車裂きの刑に処せられた。

デマを流して相手を撃つ

中国は相手国にデマを流して攪乱《かくらん》するのも、得意技の一つだ。現代でも、南京大虐殺をはじめ、歴史を捏造して国際社会にばらまいていることは「歴史戦」として知られている。

約2280年前の中国でも、デマによって天下分け目の戦いに決着がつけられた。それが、趙と秦による長平の戦いである。もともと趙は秦よりも強国であったが、この戦争によって形勢が逆転し、秦の全国統一が大きく進んだのである。

当時、趙の大将は廉頗《れんぱ》将軍。戦国時代でも連戦連勝で有名な将軍である。

両軍は長平という場所で対峙した。廉頗将軍は、遠征してきている秦軍の弱点は、兵力や武器弾薬、兵糧の補給であることを見抜いていた。そこで持久戦に持ち込んだ。秦からすれば、むしろ速戦即決に持ち込みたいのだが、廉頗将軍は動かなかった。

こうして、両軍の対峙は2年に及んだ。

焦りを覚えた秦は、間諜、すなわちスパイを趙の国に放って、「秦はまったく廉頗将軍を恐れていない。秦がいちばん恐れるのは趙括が将軍になることだ。彼が趙の将軍になったら、われわれはもう太刀打ちできない」というデマを流した。

これに動揺したのが趙の孝成王だった。２年経っても動こうとしない廉頗に代えて、趙括を将軍に任命する。

趙括は、趙の名将軍だった趙奢《ちょうしゃ》の息子で、昔から兵法に精通していて、評判は高かった。父親と議論しても、負かすことがよくあった。しかし、この父親は息子をよく見ていた。口先だけで戦を語る様に危機感を覚え、「趙が趙括を将軍にすることがあれば、趙軍を潰すのは趙括だろう」と言っていた。

そして、孝成王は廉頗に代えて、趙括を将軍に任命した。

趙括の母親も、「そんなことをしたら、絶対にだめです。私の息子にそんな任務を与えては、国を誤らせる」と孝成王に諫言したものの、王は子供を戦場に送りたくない母心だと見なし、一切聞き入れようとしなかった。

趙括が将軍に就任するや、廉頗の下した軍令をことごとく廃棄し、指揮官も更迭した。これを知った秦の白起《はくき》将軍は、戦いに負けたふりをしてわざと敗走、図に乗って全軍を率いて追撃してくる趙括の背後に回り、趙の軍隊の補給路を断って包囲した。

40日あまり包囲され、食料も入ってこない趙軍は疲労困憊《こんぱい》で、兵士たちの心は趙括から離れていった。兵士が尊敬していたのは、廉頗だったからだ。

趙括は、精鋭を率いて戦うものの、秦軍に射殺されてしまう。趙軍は敗れ、数十万の兵が秦に降ったが、秦はそのすべてを穴埋めにして殺した。だから、今でも長平の戦いのあったところでは、地面を深く掘れば、必ず、骨が出てくる。

このように、勝利のための最大の武器は「デマ」だったという話である。

中国では「はかりごと」が当たり前

『孫子』13篇の最後が「用間篇」だ。用間とは、間者の用い方、つまりスパイの活用法を説いている。間者について、『孫子』では、次の5種類に分けている。

①郷間《きょうかん》　敵国の住民をてなずけ、こちらのスパイとして利用する。
②内間《ないかん》　敵国の重要人物を賄賂で籠絡し、スパイとして利用する。
③反間《はんかん》　敵から送られてきたスパイをうまく逆用する。

④死間《しかん》　死を覚悟のうえで敵国に潜入し、嘘の情報を流す。
⑤生間《せいかん》　国に潜入して、さまざまな情報を持ち帰る。

このうち、反間をうまく利用した人物として、戦国時代に斉を支配した田氏《でんし》の遠縁にあたる田単《でんたん》という人物がいる。

紀元前３世紀頃、斉は西の秦に並ぶほどの強国だった。当時の斉王は湣王《びんおう》という、とにかく傲慢な王だったため、諸国の反感を買っていた。

斉の隣国は燕《えん》で、斉によってほとんど滅ぼされかけたことがあった。これを恨みに思っていた燕の昭王は、楽毅《がくき》という将軍を雇い入れる。楽毅は日本でも有名で、奈良時代の光明皇后（聖武天皇の后）が王羲之《おうぎし》の「楽毅論」を臨書したことでも知られている。

楽毅は韓・魏・趙・秦との連合軍によって斉と当たるべしと進言、自ら上将軍として出陣した。楽毅は斉の70あまりの都市を次々と落とし、残るは即墨《そくぼく》と莒《きょ》の２つとなった。斉は湣王も殺され、ほとんど滅亡しかけていたが、このとき即墨を守っていたのが田単である。

ここで、斉にとって転機が訪れる。燕の昭王が死に、太子が即位した。それが恵王である。恵王が楽毅とそりがあわないことを間者から聞いた田単は、反間の計を繰り出した。

つまり、「斉の湣王は殺された。斉の城も２つしか残っていない。にもかかわらず、楽毅がまだ城を攻め落とさないのは、新しい燕の王とそりが合わないため、斉に残って自ら王になろうとしているからだ。斉の民心を得るために、即墨への攻撃の手を緩めている。だから斉にとってもっとも怖いのは、燕から別の将軍が派遣され、楽毅と交代することだ」という偽情報を、斉に入り込んでいた燕の間者に流した。

この情報を信じた恵王は、騎劫という将軍を送り、楽毅を本国に呼び戻した。帰国すれば謀反の罪を着せられ死刑は確実だと考えた楽毅は、趙へ亡命。名将・楽毅のいなくなった燕は、田単の斉に負け続け、すべての城を奪還されてしまった。

田単は、反転攻撃に打って出る際にも、さまざまな反間の計を用いている。

たとえば、即墨の城では、お触れを出して、食事のたびに庭で先祖の霊を祀り、供え物をするように人々に命じた。

すると、それを狙って、鳥たちが群がって舞い降りてくる。大量の鳥が即墨の城に集まる不思議な光景は、城を取り巻く燕の軍勢も、当然、目にすることになる。

そこで田単は、また嘘の情報を流した。

「これは神が天から舞い降りて、斉軍を助けてくれる前兆だ」

と触れ回った。

このことを聞いた斉軍の兵は活気づき、また、間者を通じて耳に入れた燕軍は、毎回現れる不可解な現象に、これを真実だと恐れ、さらに士気を失うこととなった。

さらに田単は、反間の計を使って、燕の軍勢に次のようなニセ情報を流した。

「わしがひたすら恐れるのは、燕の軍勢が捕虜にしたわが斉の兵士たちの鼻をそぎ落とし、わざと最前線に引き出して戦わせることだ。そうなれば、鼻をそがれた兵士たちはもっと重い刑に処されたら大変だと戦意を失い、わが即墨も支えきれずに落城の憂き目を見るだろう」

このとき、楽毅に代わって着任したばかりの騎劫は、このニセ情報に「いいことを聞いた」と踊らされ、本当に捕虜たちの鼻を削ぎ、即墨の城下に連れ出して先頭に押し立てて戦いを挑んだのだ。

城内の斉の兵士たちはこれを見て、捕虜になった自分たちの味方がひどい目にあわされていることに激怒すると同時に、自分が捕虜になったら大変なことになると、死に物狂いで戦うようになった。

また、田単は、「わしは燕の軍勢が城外にある斉の人々の墓を掘り返し、先祖を辱《はずかし》めることをいちばん心配している。そんなことをされたら、こちらはたまらない。いちばん恐れている」という偽情報も流した。

これを耳にした騎劫は、城外の墓を掘り返し、これを焼き捨てた。これに城内では怒り心頭、燕に対する憤りは高まるばかりだった。

城内に兵士たちの怒りや士気が十分に高まった頃、田単は自ら兵士たちとともに城壁の補強をする一方、決戦に備えて、倉庫にある非常用の食料を全部運び出し、自分の妻や愛人も使って総出で炊き出しをし、兵士たちに腹いっぱい食べさせたのだ。

そして、田単はさらに謀略をかけた。

城壁を守る兵士たちを下がらせて、代わって年寄りや女、子供を上らせた。敵に、女子供まで駆り出さなければならないほど兵力が減っていると思わせるためだ。

加えて、城内の富豪を燕の国の将軍に送り、次のように言わせた。

「即墨はもうすぐ降参します。将軍が即墨を占領したら、われわれのことを保護してください」

もちろん、多額の持参金つきでお願いするわけだ。

これで燕の軍勢や将軍たちは、すっかり慢心してしまった。もう即墨も落ちる寸前だと。

しかも富豪から送られた金で、みんなで飲もうということになった。

一方、城内の軍勢は、憤りが頂点に達してやる気満々。食料もすべて食べつくして、自ら生きる道を断った。もう死力をつくして戦うしかない。

城外の燕軍が完全に油断したところへ、田単は尾に火をつけた牛をいっせいに突進させた。大混乱に陥った燕軍はこれで壊滅し、斉は復興できた。

このように、あらゆるニセ情報、謀略を用いて相手をねじ伏せるというのが、中国の伝統なのだ。どこまで上手に嘘をついて相手を騙すかが、勝敗を左右する。そういう故事について、中国では子供の頃から嫌というほど聞かされる。

日本では「嘘つきは泥棒の始まり」であるが、中国では「嘘つきほど成功する」なのだ。

清王朝末期の李宗吾という儒学者は、歴代の皇帝や古来の英雄を分析し、１９１１年から『厚黒学』『厚黒経』といった、乱世を生きる中国五千年の成功哲学についての論考を発表した。それを編集して１９３４年に出版したところベストセラーとなり、現在まで何度かブームになっている。

そこで述べられる成功の要諦は、「面の皮は城壁より厚く、腹は石炭よりも黒く生きよ」というものであり、いかに鉄面皮で恥知らずになるか、そしてどこまでも腹黒く、自分の利益のために何でもすることが重要だと説いている。

中国では愚か者は「騙されて当然」

中国では、成功者が嘘つきであるのと同時に、愚かな者は騙されて当然だという風土でもある。騙すほうよりも、騙されるほうが悪いのだ。

戦国時代の中国では、口先一つで、あちこち国を遊説して政治を動かすような策士がたくさん出た。詐欺師に騙されたバカ殿の物語もいろいろある。

そんななかで、いちばん有名なのは、戦国時代、楚の懐王《かいおう》が秦の宰相となった張儀《ちょうぎ》に欺かれた話だ。張儀といえば、連衡《れんこう》策により、かつてともに学んだ蘇秦《そしん》の合従《がっしょう》策を破った策士でもある。

張儀は各国を遊説して仕官を求めたものの、なかなか認められなかった。楚に赴いたときなどは、宴会で窃盗の疑いをかけられ、袋叩きにあっている。ほうほうの体で逃げ帰った張儀は、妻に対して「舌はついているか？」と聞き、ついていると言われると、「舌さえあれば十分だ」と答えたとされる。舌先三寸で人をたぶらかす希代の詐欺師でもあった。

ただ、話がうまいだけの人物というのは、敵も多い。張儀は魏の恵王に厚遇され、紀元前322年には魏の宰相にまでなった。ところが恵王の死後は新王に疎まれ、宰相の地位を別の人間に奪われてしまう。

そこで張儀は秦へ行き、宰相になった。秦は斉を討伐しようとしていたが、斉は楚と同盟関係を結んでいる。そこで張儀は斉と楚の同盟関係を潰すために、楚に赴いた。

そして、楚の懐王に会った。この懐王は有名なバカ殿である。張儀は懐王に言った。

「懐王が斉との同盟を破棄していただければ、秦の地600里を懐王に献上します」

大喜びの懐王は、それを快諾する。

そのとき、陳軫《ちんしん》という、これまた遊説の士が懐王に対して、「張儀を信じても、秦から土地は手に入らず、むしろ秦と斉が同盟関係を結ぶことになるだろう」と諫言《かんげん》した。

張儀と陳軫は、かつて秦にいたものの、張儀にとって陳軫はライバルであり、邪魔な存在だった。そのため、張儀は秦王に陳軫を讒言《ざんげん》して追い出そうとしたことがあった。その企みは失敗したものの、張儀が秦の宰相になったことで、陳軫は秦を離れたのだ。

陳軫は懐王に、張儀の言うことがどれだけ信用できないかを説いた。しかし懐王はまったく聞き入れず、むしろ張儀に楚の宰相の地位を与え、斉との国交を断絶した。

さらに懐王は、張儀の信用を得るために、斉に人を送り、斉王をさんざん罵倒させた。これにより斉王は怒り、秦と同盟を結んでしまった。

当然、懐王は張儀に約束である６００里の土地を求めた。ところが張儀は「私は６００里などと言っていない、６里と言った」ととぼけたため、懐王は怒り心頭、大軍を発して秦を攻めた。

ところが秦は斉と同盟して楚を攻め、楚の地域を占領してしまう。そこで秦は、楚の土地と秦の土地の交換を申し出た。だが懐王は、「もう土地はいらない。私を騙した張儀だけは許せない。あいつさえ差し出してくれれば、秦の要求に従おう」と回答した。

この話が秦に伝わると、張儀は自ら楚に乗り込んだ。当然、たちまち捕まって殺されるという話になる。

しかし、彼は楚の大臣と非常に懇意にしており、その大臣を通じて懐王の夫人に、こう言ってもらった。

「あなたは今、懐王の寵愛を一身に集めている。しかし、秦王は張儀を助けるために、美人を楚に送ろうとしている。もし、そうなれば、あなたは懐王の寵愛を失うことになるかもしれない」

あわてた夫人は、「張儀を殺せば、秦は大軍で楚を攻めてきます。どうぞ張儀を解放してください」と、懐王を懸命に説得する。根負けした懐王は、張儀を自由の身にした。

その後、張儀は秦に対する6カ国同盟である蘇秦の合従策を崩壊させるために、6カ国がそれぞれ個別に秦と同盟を結び、6カ国が互いに牽制し合う連衡策を進め、蘇秦を戦死させている。

バカ殿が策士に騙された事例は、中国史にはじつに多い。

たとえば、戦国時代、周王朝が分裂して西周と東周に分かれた。両国とも稲作をしているが、西周のほうが川の上流に位置していた。西周が川を堰《せ》き止めて、水を流してくれないため、東周では稲作ができずに困っていた。

そこで、策士の蘇子《そし》（蘇秦の兄弟）という人物が東周の君主に、「自分が西周と交渉して、水を流すように説き伏せます」と言って、西周に出かけた。

蘇子は西周の君主に面会すると、次のように述べた。

「東周に流れる水を堰き止めたのは間違いです。今、水を流さないのは、逆に東周を富ませることになります。というのも東周の百姓たちは、今、水がそれほどいらない麦の種をまいていて、ほかの作物はつくっていないのです。

もしも、東周をやっつけるのであれば、いっそ水を一気に流すべきです。そうすれば、彼らのまいた麦の種は流されてしまうでしょう。水が流れてきたということで、東周の百姓は、今度は、稲を植えるようになるでしょう。そこでまた水を流さないようにすればいいのです」

西周の君主はそれを妙案だと、堰き止めていた水を流した。こうして蘇子は、両国から褒美をもらうこととなった。

戦国時代というのはおもしろい時代で、策士は身一つで国王に会い、ニセ情報や嘘で平然と騙すのだ。

嘘には嘘で対抗するのが鉄則

このように、誰もが騙し騙される時代にあって、いかに嘘に対抗するのか。中国の場合は、単に嘘を見破るだけではなく、嘘には嘘で対抗するのがいちばんの良策とされる。有名な「完璧」の故事は、そのことを物語っている。

戦国時代、「七雄」に数えられる強国だった趙は、紀元前3世紀前半の恵文王の時代に、楚から有名な「和氏《かし》の璧《へき》」という名玉を手に入れた。このことを、東の強国・秦の昭王《しょうおう》が聞きつけて、趙に対して「15の城とその玉を交換してほしい」という手紙を送りつけた。

趙では評定を開いたものの、多くの臣下は、おそらく秦は璧を渡しても城を渡さないだろうという結論だった。とはいえ、璧を渡さなければ、秦はそれを理由に攻めてくるに違いない。

恵文王が困っていると、宦官《かんがん》の繆賢《びゅうけん》が進み出て、自分の家来の藺相如《りんしょうじょ》なら、この難局を救ってくれると推薦した。恵文王が引見してみると、藺相如は次のように言った。

「秦は強く、趙は弱い。秦の申し出を受け入れるしかないでしょう。もし秦が15の城を渡せば、この璧を秦に与えましょう。しかし、もし城が手に入らないなら、璧は私が持ち帰りましょう」

これを聞いた恵文王は、藺相如を使者として秦の昭王に送った。

藺相如が璧を昭王に捧げると、王は大喜びで受け取り、家臣たちはみんな万歳を唱えて祝った。だが、約束の城のことは、昭王の口からまったく出ない。昭王が城を渡すつもりがないことを見抜いた藺相如は、

「じつは、この璧には傷があります。それがどこにあるかお教えいたしましょう」と騙《かた》り、王がこの璧を渡すと、藺相如はそれを持って、柱を背にして立った。

そして、怒髪天を突く怒りの形相で言った。

「趙の国では秦の昭王は貪欲な人で、璧を渡しても城は与えないだろうというのが一般的な意見だった。しかし私は、庶民ですら人を欺かないのに、大国の王がそんなことをするはずがない、と反論してこの璧を持ってきた。

しかし、今、王の様子を見ていると、城を渡すつもりはないようだ。それならば、私はこの場で璧を潰そう」と。

昭王はあわてて地図を持ってこさせて、15の城の話を始めた。だが、やはりそれは上辺だけの話だと見て取った藺相如は、「趙の王は、この璧を秦に捧げるために、5日間斎戒《さいかい》した。秦の王もその璧を受け取るには、5日間斎戒しなければならない」と要求した。秦の昭王は仕方なく、それに従って斎戒した。

その間、藺相如は宿舎に戻り、密かに使者に命じて璧を趙の国に持ち帰らせた。

5日間の斎戒を終えた昭王は、藺相如に璧のことを聞くと、彼は次のように答えた。

「秦の歴代の王で、約束を固く守った王を聞いたことがありません。15の城を先にいただければ、趙は璧を惜しむことはありませんが、秦王は約束を守る気がなさそうなので、璧はすでに趙へ持ち帰らせました。しかし、秦王へ数々の無礼を働いた罪で、私を死罪にしてください」

秦の群臣はこぞって藺相如を処刑すべきだと言ったが、昭王は、藺相如を殺しても何も得られるところがなく、むしろ趙から恨まれるだけだということで許し、お互いに璧も城も渡さないことを決めた。

そうやって、完全な璧が趙に帰ったことを「完璧帰趙」といい、「完璧」という言葉の語源となった。

昔から、中国における嘘の撃退法は、相手が嘘をつくことがわかっているなら、こちらも嘘をつくというものだ。つまりそれは、誰も最初から信用しないことを意味する。

最後は、誰がいちばんうまく騙したかということで、勝者が決まるのである。

嘘こそ立身出世の手段

詐道《さどう》というと、戦国時代の策士や兵法家の十八番のように思われるかもしれないが、もちろん、中国人は誰でも嘘をつく。歴史上では、平民でさえ、嘘によって国を奪った事例がある。

戦国時代の楚に、春申君《しゅんしんくん》という政治家がいた。彼は戦国四君（ほかは斉の孟嘗君《もうしょうくん》、趙の平原君《へいげんくん》、魏の信陵君《しんりょうくん》）の一人で、楚の宰相を20年以上務めた。3000人もの食客を抱え、そのなかには荀子《じゅんし》もいたとされている。

当時の楚の王は考烈王だったが、世継ぎがいなかった。そこで、春申君は世継ぎを産めそうな女性を探してくるが、それでも子供が生まれなかった。

このような状況を見て、趙の平民である李園《りえん》兄妹は、楚の国は乗っ取れると考えた。まず、李園は春申君の舎人《しゃじん》（家来）になった。そして、あるとき、休暇をとって自分の国に帰省したが、戻るときにはわざと期限に遅れた。李園は、「じつはウチの妹は大変な美人なのです。斉の王が妹を望まれたので、その応対に時間がかかってしまいました」と述べた。

興味を持った春申君は、まだ斉との婚儀の話が進んでいないなら、その妹を連れてくるように頼んだ。もちろん李園にしてみれば、嘘の話なので、問題はない。

かくして、李園の妹は春申君のところに入り、春申君自身が寵愛した。そしてまもなく妹は身ごもった。

妹は、李園と示し合わせて、春申君に言った。

「あなたはもう20年あまりも、楚の宰相を務めました。楚王もあなたのことを非常に頼られています。

しかし、王には子供がありません。王に万が一のことがあれば、王の兄弟のどなたかが新たな王になります。そうなれば、新しい王はあなたを捨て、自分のお気に入りの人物を宰相に立てるでしょう。

そうなれば、あなたは権力を失うだけでなく、どんな災いを受けるかわかりません。

いま、私は妊娠しましたが、幸いなことに、そのことはまだ誰も知りません。あなたとの関係も日が浅く、二人のことは誰も知らない。

いまのうちに、あなたは私を王に献じてください。王は必ず私をかわいがってくださるでしょう。そこで私がもし男の子を産めば、あなたの子がいずれ王になります」

つまり、楚の国を乗っ取る相談を持ちかけたわけだ。春申君は、彼女の話をそのとおりだと思い、この話に乗った。

春申君は考烈王に李園の妹を勧めた。王は彼女を寵愛し、やがて男の子が生まれる。もちろんこれは王ではなく春申君の子供だ。それを知らない考烈王は、この子を太子に立て、李園の妹は王妃になり、李園も抜擢《ばってき》されて権力を持った。

さて、そうなると、李園の兄妹にとっていちばん邪魔な存在となるのが春申君である。もしも真実が露見すれば、自分たちもただではすまない。それに、考烈王が死去すれば、春申君が権力を一手に握ることになり、自分たちに危害を与えないともかぎらない。

そこで李園は春申君を殺害するために、暗殺者を募った。そうこうしているあいだに、考烈王が病床に伏せた。

李園の計画を事前に知った春申君の食客の一人は、「楚王が崩御すれば、李園は王宮に入って権力を握り、あなたを殺害するだろう」と忠告した。しかし春申君は、いろいろ目をかけてやった李園がそんなことをするはずがないと、一切信用しない。

まもなく考烈王が没した。李園はまっさきに王宮に駆けつけると、暗殺者たちを王宮の門に配した。そうとは知らない春申君が王宮の門をくぐったとき、暗殺者たちは春申君を挟み撃ちにして殺害、さらにその一族もすべて誅滅されてしまった。

そして、李園の妹が産んだ春申君の子が即位して王様になった。

李園という一平民が、春申君も考烈王も騙し、最後は春申君を殺して一国の権力を独占したわけだ。

低い身分の者が嘘で権力を握るという話も、中国史には多い。たとえば秦の始皇帝の父親は、商人から丞相《じょうしょう》に登りつめた呂不韋《りょふい》だったとされている。秦の太子に自分の愛人を与えたが、そのときすでに愛人は呂不韋の子供を身ごもっていた。そして生まれたのが、のちの始皇帝だったという話だ。

以上の話から得られる教訓は、中国において、人は誰も信用してはいけないということだ。王と家来であっても、互いに信用できない存在だということである。

正直者は生き残れない中国

そして正直者が生き残れない、早死にするのが中国社会の特徴である。そのことを示す故事に、泓水《おうすい》の戦いがある。

春秋時代の紀元前639年、宋の襄公は自ら覇者たらんとして会盟を開いた。

春秋時代は、紀元前770年に周の幽王が諸侯に殺されて都を洛邑《らくゆう》に移してから、晋が韓・魏・趙に分裂した紀元前403年までを指すが、その後の戦国時代の下剋上と比べて、まだ諸侯が話し合いで自分たちの盟主を選んでいた。

衰えたとはいえ、周に気を使い、各国の指導者は「王」ではなく「公」を自称する者が多かった。

　襄公は自ら会盟を開き、諸侯の盟主として振る舞おうとした。ところが、これが気に食わなかったのが楚の成王だ。その時代の楚は、宋よりも国力が盛んであった。そのため、成王は会盟に出席せず、将軍の子玉を送った。

　子玉は襄公を拉致し、さんざん辱めたうえで、楚に引き揚げた。

　これに怒った宋は、楚に戦いを挑んだ。楚は大軍を発し、襄公はこれを迎え撃つため、宋の泓水に陣を張った。やがて楚軍が現れ、渡河し始めた。これを見た宋の丞相である目夷《もくい》は、「楚軍が陣形を整える前に攻撃しましょう」と襄公に進言した。まともに戦えば、勝ち目はないからだ。

　ところが襄公は、「君子は、相手が困っているときに、さらに苦しめるようなことはしないことだ」と言い、攻撃しなかった。目夷はこれを聞いて呆れ、「わが君は戦い方を知らない」と嘆いた。

　はたして楚の大軍は陣形を整えると、宋を徹底的に打ち破った。襄公はこのときに負った傷がもとで、２年後に亡くなっている。

　この故事から、「宋襄の仁」（宋襄之仁）という言葉が生まれた。無用な情けをかけることを意味する。

中国ではむしろ、「打落水狗」（水に落ちた犬を打つ）、「下井投石」（井戸に落ちた者に石を投げる）が正しいことだとされる。相手の弱みを徹底的に利用し、攻撃するのだ。

中華民国の代表的な文化人だった林語堂は、「フェアプレイ（費厄潑賴）精神は中国では最も得にくいものだ」（『語絲の文体に議論を差し挟む——穏健・罵倒・フェアプレイ』と述べている。

いちばん親しい者こそ最大の敵となる「人間不信社会」

春秋戦国時代の思想や社会を分析し、徳ではなく法によって世の中を治めるべきだと説いたのが、韓非子による『韓非子』である。理想主義ではなく、徹底したリアリストであった韓非子は、秦の始皇帝も高く評価していた。

韓非子は、「君主にとって、人を信じることは禍《わざわい》のもとである」と説くと同時に、君主に進言しようとする者に対しては、「相手の欲につけいることが、相手から信用されるための方法だ」とも説いた。

『韓非子』には、「処知則難」（知に処するところ則《すなわ》ち難き）という逸話が出てくる。次のような話だ。

「昔、鄭《てい》の武公は胡の国を攻撃して奪おうとしていた。そこで、まず娘を胡の君主に嫁がせ、心証をよくしておいた。
そして、臣下たちに『私は戦争をしようと思うが、どこを攻撃したらよいだろうか』と尋ねた。これに対して、重臣の関其思《かんきし》が『胡を攻撃するべきです』と答えたところ、武公は『胡の君主は私の婿《むこ》だ。これを討てというのは、何ということか』と怒り、関其思を殺した。
胡の君主は、この話を聞いて油断し、鄭に対して備えをしなかった。その隙に、鄭は胡を襲撃して領土を奪った」

鄭の武公と関其思の考えは一致していた。にもかかわらず、君主の本音を言ったために、関其思は殺されてしまった。『韓非子』では、対処法を知ることではなく、知ったことに対してどのように対処するかということが難しい、ということを述べている。

また、「君主は嘘を言い、考えを偽って、臣下の反応によってその本心を知ることも必要だ」とも述べている。

『韓非子』は、徹底的な人間不信社会から生まれた、一つの処世術だともいえるだろう。

現代中国において熾烈《しれつ》な権力闘争が続いているのは、その人間不信の表れでもある。毛沢東はもっとも信頼する部下であった劉少奇を失脚させ客死《かくし》に追い込み、毛沢東の軍師といわれた林彪は毛沢東暗殺を目論み、それが露見して逃亡中に飛行機事故で死亡した。

鄧小平が「天が落ちてもこの二人が支えてくれる」と絶大な信頼を口にしていた部下の胡耀邦と趙紫陽も、結局、鄧小平によって失脚させられた。

習近平は自分を総書記に抜擢してくれた江沢民派に対して反腐敗運動を仕掛け、その幹部らを失脚に追い込んだ。

中国ではもっとも親しい者ほど、油断ができないのだ。

第3章

中国では建国も亡国も嘘から始まる

嘘によって国を滅ぼした男

春秋戦国時代を経て、紀元前221年に中国をはじめて統一したのが秦の始皇帝である。ここから中国の皇帝制度が始まった。

だが、その秦も統一からわずか15年で滅亡する。その元凶となったのは、中国史上でも希代の大悪人とされる宦官の趙高《ちょうこう》である。

中国を統一した始皇帝は、紀元前210年7月、地方巡遊の途中で亡くなった。このとき、始皇帝のそばにいたのは、末子の胡亥《こがい》、宰相の李斯《りし》、宦官の趙高だった。

本来、皇帝が亡くなればすぐ喪を天下に発して、新しい皇帝を立てる。しかし、混乱を恐れた李斯は始皇帝の死を秘した。

その間、趙高は大きな陰謀を企み、胡亥や李斯に甘言を弄して、陰謀に加わらせた。それは、始皇帝の遺詔を偽造し、世継ぎを変更するというものだった。

秦の始皇帝の遺詔には、長男の扶蘇《ふそ》を次の皇帝に立てることが書かれてあった。扶蘇は非常に有能で人格もいい人物だった。

しかし、いわゆる「焚書坑儒」に反対したことで始皇帝の逆鱗《げきりん》に触れて、匈奴に対する国境警備に派遣されて、僻地の蒙恬《もうてん》将軍の駐屯地に追いやられていた。

しかし始皇帝も死に際になると、結局、天下を譲ることができるのは、長男の扶蘇しかいないと考えるようになり、そのことを遺詔として残した。

だが、末子の胡亥の小さい頃からの守り役だった趙高にとっては、次の皇帝は胡亥でなければならない。そこで陰謀を巡らせた。

まず、始皇帝の死を秘密にしたまま巡幸を続け、都へ向かった。毎日、始皇帝の乗っている大きな車にお伺いを立てるふりをして訪れ、食事も運ばせた。要するに、始皇帝がまだ生きているように装ったのである。

だが、季節は夏である。始皇帝の遺体は腐敗が進み、かなりの腐臭が漂うようになっていた。そのため、わざわざ海に近いところを通り、アワビを大量に買い占め、その異臭で始皇帝の遺体の腐臭をカムフラージュした。

そして、首都の咸陽に帰ったところではじめて皇帝の死を公表したのである。その段階で、偽の遺詔がつくられ、発せられた。その内容は、「皇位を胡亥に受け継がせる」ということと、長男の扶蘇に死を賜るというものだった。この遺詔を受け取った扶蘇は、偽命によってその場で自殺した。

もちろんこの陰謀は、宰相の李斯を抱き込んで行われたものである。李斯は始皇帝に従って焚書坑儒を進めた人物であったため、趙高から「扶蘇が皇帝になれば、あなたもただでは済まない」と囁かれたのだ。こうして李斯も趙高の陰謀に加担することになった。

そして胡亥が首尾よく2代目皇帝となった。彼が20歳のときである。翌年の紀元前209年、趙高は郎中令という側近の最高位に就き、権力を振るうようになる。そこで邪魔になってきたのが宰相の李斯である。

ちょうどその頃、すでに各地で反乱が起こっていた。しかし、趙高はその情報を一切、皇帝に伝えなかった。そして李斯に対してこう告げた。

「いま、あちこちで反乱が起こっている。しかし、私は宦官ですから、いくら陛下にそういう話をしても全然聞いてくれない。だから宰相であるあなたが、きちんと皇帝陛下に進言すべきだ。私が皇帝陛下の機会をうかがって、あなたにいちばんふさわしいときを知らせよう」

李斯としても、宰相としての責任感があるため、これに応諾した。

しかし、趙高は、皇帝が女と楽しんでいる最中を選んで李斯に使いを出し、「皇帝は、いま、暇ですから、至急宮中に来てください」と呼んだ。しかも、それを何度も繰り返した。

お楽しみのときにばかり謁見を求め、各地の反乱を報告してくる李斯に対して、胡亥は次第に不満を募らせていく。趙高は頃合いを見て、胡亥に対して「李斯こそ、反乱に加担している張本人です」と讒言した。

李斯に不満を覚えていた胡亥は、李斯の逮捕を命じた。李斯への拷問が行われ、その末に処刑された。もちろん、一族もろとも誅滅された。

最大の邪魔者を消した趙高はすべての権力を握った。趙高こそ、嘘によって、最初の統一王朝の未来を大きく変えた男だった。

末っ子の胡亥は、多くの兄弟を差し置いて皇帝になったことから、不満を抱いている者が少なくなかった。そこで趙高は、不満分子の粛清に動き出した。法律を厳格にして、さまざまな人間を罪に陥れ、これによって12人の皇子、10人の皇女が処刑されたとされる。

嘘が真実になる

このような恐怖政治に走った趙高だが、それでもすべての大臣が自分に従うかどうかまだ自信がない。そこで、大臣たちの自分に対する態度を確かめようとした。

有名な「馬鹿」の話だ。

朝議の際、趙高は鹿を引かせて、皇帝の前に出した。そして「めずらしい馬が手に入りました」と述べた。

胡亥は「これは鹿ではないのか」と尋ねた。そこで趙高は周りの廷臣たちに「これは馬に間違いあるまい?」と聞いた。

彼を恐れる者は馬と言い、気骨のある者は鹿だと答えた。趙高はのちに、鹿だと答えた者をすべて殺した。

これによって、鹿だと答えるものはいなくなり、すべての大臣が趙高に従って馬だと答えるようになった。この故事は「指鹿為馬《しろくいば》」(鹿を指して馬となす)と呼ばれ、「馬鹿」の語源となった。

いずれにせよ、誰もが鹿を馬だと言うなか、皇帝の胡亥は自分の頭が少しおかしくなったのかと疑い、それ以来、さらに政治を趙高に任せるようになった。

鹿を指して馬だと言うことは、誰もが嘘であることを知りながら、絶対権力者に迎合することでもある。権力者は絶対に間違えない、間違いがあってもそれを指摘しない。中国社会には、現在もなおそのような風潮がある。

中国共産党の批判、最高指導者の批判は、現在の中国でもタブーである。習近平主席は決して間違えない。指導者のマイナスになるような事実は伝えない。だから神格化ばかりが進む。真実が嘘となり、嘘が逆に真実になる。

もはや共産主義や社会主義を信じている国民などいないのに、「社会主義強国を目指す」などと主張する。独裁政治で言論弾圧を行いながら、「わが国はどこよりも民主主義的だ」などとうそぶく。嘘がそのまま現実をつくる。欺瞞が世の中に蔓延しているのだ。

もちろん秦は、このような社会制度も皇帝制度もすべて嘘の上につくりあげたことによって、次第に疲弊し、まもなく滅亡することになる。

反乱も嘘から始まる

秦王朝を滅亡に追い込んだきっかけとなったのは、いわゆる陳勝・呉広の乱だ。

紀元前２０９年、農民の陳勝と呉広は、辺境守備のために強制的に徴兵された。ところが大雨にあって足止めされたため、どう計算しても定められた期限内に、労役地に着くことは無理となった。

しかし、どんな理由があろうとも、秦の法律では期限内に着かないと確実に斬首となる。そこで、陳勝と呉広は相談して、座して死を待つよりも、反乱を起こしたほうがいいということになった。

しかし、陳勝も呉広も、どこの馬の骨かわからないような貧しい身分の出だ。そのままでは誰も従わない。

そこで、吉祥によって、陳勝こそ民衆の指導者だと信じ込ませようとした。

彼らはわざと魚の腹の中に、「陳勝王」と書いた一枚の布を入れておいた。それを料理しようとした兵卒が見つけて、不気味がり、周りに「不思議なことがあるものだ」と噂が広がった。また、呉広は野外の宿営近くに潜伏し、夜中に狐の鳴き声を真似して、「陳勝が王となる」と叫んだ。

このようなことが続いて、兵卒たちは、やはり陳勝は普通の人間ではないと思い込むようになっていった。

このような下準備をしたうえで、ある日、陳勝は自分たちを監督している役人を斬り殺し、兵卒たちに蜂起を呼びかけた。これを多くの民衆が支持し、反乱は全国へと広がっていったのである。陳勝・呉広の乱は、中国史上初めての大規模な農民一揆といわれている。

中国におけるこうした農民一揆、あるいは天下を揺るがす民衆反乱の発生は、このような嘘から始まるというのが一つのパターンになる。造反する側は、必ず何か神話的なものつくるのだ。

とくに宗教が絡むと、さまざまなストーリーがつくられやすくなる。天帝や鬼神などの話が入り込み、「教祖＝救世主」として語られやすい。

だから後漢末の黄巾《こうきん》の乱（張角を天公将軍とする）にしても、あるいは清末の太平天国の乱（洪秀全《こうしゅうぜん》を天王とする）なども、そうした「教祖」の話によって信者を集めて乱を起こしたのである。

現在の中国共産党は、そのことがわかっているため、厳しい宗教弾圧を行っている。２０１４年９月、習近平総書記は中央民族工作会議で、「党員は宗教を信仰してはならない。宗教活動に参加してはならないとの規則を堅持すべきだ」と強調している（「産経ニュース」２０１４年11月16日付）。

また、気功集団である法輪功が、中国で弾圧されていることはよく知られている。いずれも、体制に対する脅威となる可能性があるからだ。

腹黒さが足りなかった項羽

こうして秦は、陳勝・呉広の乱がきっかけとなって滅んだ。そして、その後、天下を取ったのは農民が出自の劉邦、つまり漢の高祖である。

第２章で紹介した『厚黒学』でも、著者の李宗吾は、厚かましく腹黒い歴史上の人物として、この劉邦を最初に取り上げている。

劉邦はもともとならず者であって、嘘はお手の物であった。当時、小さな町の宿場役人だった劉邦は、単父《ぜんほ》（現在の山東省単県《ぜんけん》）の有力者である呂公の誕生日を祝う酒宴に乗り込んだ。

本来であれば御祝儀を持っていくところだが、一文もない劉邦は、「進物一万銭」と書いた紙を差し出す。はったりをかましたわけだ。あまりの額の多さに、呂公は劉邦を上席に招き、飲み食いさせた。劉邦はたらふく飲食したあとで「いや、ワシはじつは一文もない」と白状する。

もちろん呂公は、劉邦が金銭を持っていないことは知っていたが、その豪胆さに、只者ではない風格を感じ、非常に気に入って、娘の呂雉《りょち》を彼に嫁がせた。

劉邦のライバルとして天下を取り合った相手といえば、言うまでもなく、項羽である。項羽が天下を取れなかった理由として李宗吾は、劉邦ほどの腹黒さと厚顔さに欠けていたからだとしている。

その事例として有名なのが「鴻門の会」の一幕だろう。秦を討ち滅ぼすために、劉邦と項羽は軍を率いた。

劉邦は秦の都である咸陽を攻め、一番乗りの手柄を立てた。しかし、劉邦軍は都で略奪などの狼藉を働かなかったことから、項羽の軍師である范増《はんぞう》は、劉邦が天下を狙う野心を秘めていることを見て

項羽

劉邦

取った。

項羽と劉邦は、鴻門において宴会を開き、話をすることにした。これが「鴻門の会」である。このとき范増は項羽に対して、「宴席で劉邦を殺せば、天下はあなたのものになる。殺さなければ、どうなるかわからない」と進言したが、項羽は「俺の宴会の客人である劉邦を騙し討ちで殺せば、俺は天下の笑い者になる」と言って、これを拒否した。

これによって、項羽は天下を失うことになる。その後、項羽と劉邦は広武山という場所で対峙したが、お互いに疲労したため和議を結んで撤退することにした。しかし、劉邦はその和議を一方的に破り、項羽を背後から襲い、項羽軍を殲滅に追い込んだ。騙し討ちした劉邦のほうが、天下を取れたのである。

李宗吾は、「天下を取ってしまえば、劉邦を殺害したからといって、誰からも笑われることはない」と指摘している。メンツや美学を重んじて、チャンスを見逃して天下を取れなかった人間こそが笑われるというわけだ。

さて、劉邦の嫁となった呂雉は、劉邦が天下を取ってから呂后と呼ばれるようになるが、大変な野心家で、また残忍だったことから、唐の則天武后、清の西太后と並んで、「中国三大悪女」ともいわれている。

漢王朝を建国したあとで、いちばんの問題となったのは、項羽との戦いで活躍した功臣をどうやって消すか、である。一応、最初は彼らを王として、各地に封じた。しかし、もともと実力のある人物たちである。いつ反乱を起こして漢の天下を脅かすかわからない。

とくに、天才的な戦略で劉邦の戦いを次々と勝利に導いた韓信は、非常な脅威であった。

韓信は、いまの湖北省から湖南省にかけて存在した雲夢沢《うんぼうたく》という湖の近くに領地があった。雲夢沢は、現在の洞庭湖の前身で、当時は洞庭湖の数倍もの広さがあったという。

ある日、劉邦がこの雲夢沢を見学したいと、同地を訪れた。韓信は皇帝が領地の近くまで来られたということで挨拶に行ったところ、そのまま捕らえられて長安に連れて行かれた。

それでも、功績ある韓信について、劉邦は軟禁さえしておけばいいと考えていたが、劉邦が匈奴征伐へ出かけた際、呂后が韓信を虚報で宮廷に呼び寄せ、その場で殺してしまったのだ。また騙し討ちである。もちろん、その一族も皆殺しとなった。

韓信を片付けたあと、次に狙われたのが彭越《ほうえつ》という将軍である。呂后は彭越と仲の悪い役人に、「彭越謀反の意図あり」と密告させた。そのため彭越は、逮捕されて首都の洛陽に連行された。

しかし、劉邦は彼を殺さずに庶民に落とし、蜀（四川省）に流した。その途中、呂后と偶然会った彭越は、呂后に対して、自分の無罪を涙ながらに主張し、生まれ故郷で一生を終えたいと哀願した。

呂后は「わかりました」と言って、彭越を洛陽に連れ帰った。しかし、劉邦に対して、「彭越ほどの壮士を蜀に流したら、後々の憂いとなりかねない」と述べ、一族ごと誅殺してしまった。

中国の政治闘争では、このように相手を騙して殺すのが伝統なのだ。

対匈奴も騙し討ち

漢の７代目の皇帝である武帝は、対匈奴戦争を起こし、漢帝国の領土を拡げたことで有名だ。一時的に、ベトナム、朝鮮半島の半分以上も占領した。

中国人の対匈奴の戦争も、やはり騙し討ちから始まる。

漢の武帝のとき、いよいよ匈奴討伐の時期が熟したということで、朝議が開かれた。そこでは、和平論を主張する者もあれば、主戦論を主張する者もいたが、強敵である匈奴を潰すための策略が練り上げられた。

匈奴と漢帝国のあいだに馬邑《ばゆう》という地方がある。そこに聶壱《じょういつ》という富豪がいた。じつはこの人物は匈奴とのあいだで密貿易を行って財を成していた。そこで武帝は彼に密命を与えた。

まず、馬邑の官吏の苛斂誅求《かれんちゅうきゅう》に耐えきれなくなったということで、聶壱に官吏を殺させる。

そして、匈奴の首領である単于《ぜんう》に密使を送り、「自分は官吏を殺したため、このままでは漢に罰せられる。だから大軍で馬邑を占領してください」と要請した。そのため、単于はこれを喜び、信じた。そして、匈奴が馬邑を取れば、漢帝国へ侵入しやすくなる。そのため、単于はこれを喜び、信じた。そして、10万人の大軍を率いて馬邑を奇襲しようとした。

もちろんこれは武帝の仕掛けた罠であり、すでに漢の30万の大軍が周辺に展開して単于を待ち伏せしていた。

ところが、匈奴の軍勢が馬邑に近づいたところで、情景が変なことに気がついた。あちこち家畜の群れがいるのに、人の姿がまったく見えない。絶対に何かあると思った単于が漢の駐屯拠点を襲い、軍監を捕まえて尋問したところ、この陰謀が発覚した。

そのため匈奴の軍隊は引き揚げてしまった。以後、聶壱は匈奴から恨まれ、「張」という名前に変えざるをえなかったともいわれている。

中国人同士でも騙し討ちが日常的である以上、匈奴に対してはどんな卑怯な手を使っても許される。中華思想によれば、匈奴などの周辺民族は中華民族にとって「夷狄《いてき》」（野蛮人）であり、騙したり殺したりしても構わない存在だからだ。

この策略は失敗に終わったわけだが、それ以来、漢帝国と匈奴は何回も死闘を繰り返した。一度の戦闘で何万人、何十万人の死傷者が出たのだが、漢の武帝は匈奴を潰して領土を西域まで広げたということで、中国人は大変尊敬している。

とはいえ、武帝は戦争に明け暮れ、晩年は太子と対立して都を戦火に陥れた。武帝在位のあいだに、漢の人口は半減したともいわれている。そのような皇帝が人気を集めるというのも、いかにも中国らしい。

さて、その漢は紀元８年、王莽《おうもう》という人物に乗っ取られる。このことは、第５章で詳しく述べるが、これにより漢は一時的に消滅する。だが、王莽が建てた王朝も一代で終わり、漢王朝が復活する。そのため、これ以降の漢を後漢と呼び、それ以前の漢を前漢として区別している。

ペテン師だけが英雄になれる

後漢は黄巾の乱によって国運が傾いた。そこで出てきたのが、三国志の英雄たちだ。

その三国志の英雄たちのなかで、いちばん教養があって文才、詩才にも長《た》け、謀略家であって大政治家である人物といえば、曹操《そうそう》だろう。ある意味では中国の代表的な政治家・軍略家である。

この曹操の得意技こそ、嘘であった。彼は人騙しの天才だった。

たとえば曹操は幼年の頃から、武技に長じ遊芸にも秀でて、よく知恵がまわったが、放蕩な生き方を愛し、素行が悪かった。

その行状を見かねた叔父が曹操の父・曹嵩《そうすう》に訴えたため、曹操は父親から強く叱られた。そこで曹操は一計を案じ、悪知恵を働かせる。

次に叔父が来たときを見計らって、卒中で倒れた振りをしてみせたのだ。叔父は驚いて曹嵩に報告する。当然、父親は心配して曹操の様子を見にいく。

そうすると曹操は何もなかったように平気な顔をして、「私はべつにどこも悪くありませんよ。卒中で倒れたなどということもありません」とうそぶく。

そこで心配する父に、「いや、叔父さんが変なことを言うのは、いつものことなんです。叔父さんは私のことを嫌いみたいですからね」と告げる。そうして、曹嵩は叔父の話を信じなくなり、曹操のやりたい放題が続いたという。

曹操は、こういった人騙しの手をよく使った。

黄巾の乱の討伐時、麦畑を通過した曹操軍に対して、曹操は「麦

曹操

を傷めるな。傷めた者は処刑する」と命じた。部下たちは、麦を傷めないように、麦畑を通過するときはみんな馬から下りて気をつけて通った。

しかし、曹操だけは馬に乗っており、どういうわけか馬が暴れて麦畑を踏み荒らしてしまった。

曹操は「命令は自分が出したのだから、自分の首をはねる」と言う。もちろん本気ではない。周辺の誰もが止めることはわかっているからだ。そこで曹操は、「やっぱり自分が出した命令だから、自分の髪を切って節度を守る」ということにした。とはいえ、髪を切るだけの話である。

曹操のずるさは、さまざまなところで出てくる。

曹操が袁術《えんじゅつ》の軍と対陣した際、曹操軍は食料難に苦しんだ。食料の補給が思うままにならない。

そこで曹操は兵糧係の王垢《おうこう》に、兵士たちに兵糧を分配する際、小さくした升を使うように命令した。たしかに、これによって食料は節約できた。しかし、兵士たちのあいだでは不満が高まっていった。

誰もが升が小さくなったことを知っていたし、それを曹操の命令だと思っていた。兵士の不満に気づいた曹操は、いきなり王垢の首をはね、「いや、ワシが命じたんじゃなくて、コイツが勝手にやった」とふれまわり、兵士たちの憤りを鎮めたのだった。

騙されて大敗した乱世の奸雄

希代の嘘つきである曹操だが、その曹操が生涯最大の敗戦を喫したのが、有名な「赤壁の戦い」である。

この赤壁の戦いにおいて曹操は二重スパイのターゲットになって、散々やられている。

当時、曹操は大軍を率いて南下し、揚子江で孫権の呉の勢力と対決した。しかし、曹操のいちばんの弱点は、中国北部の軍勢のため水上の戦争に慣れていないことだった。船上では船酔いする兵士が続出した。

そのとき、龐統《ほうとう》という、諸葛孔明と並ぶほどの見識を持つ人物がやってきて、曹操に献策した。揚子江に浮かんでいる曹操の船をすべて鎖でつなげれば、船が安定して船酔いも収まるし、船同士の行き来も簡単になると。曹操は、喜んでこの話を受け入れた。

じつは、龐統は孫権側が派遣した間者だった。龐統を曹操に近づけるために、結構、手の込んだ芝居が仕組まれていた。

曹操の側近の武将に蔣幹《しょうかん》という人物がいる。蔣幹は、対立する呉の将軍である周瑜《しゅうゆ》と旧友だった。そこで曹操は、蔣幹に周瑜の引き抜きを命じ、蔣幹は周瑜の陣営に赴いた。

しかし、周瑜は蔣幹の不遜を憤り、彼を軟禁してしまう。蔣幹が退屈しのぎに軟禁場所の周辺を歩きまわっているとき、一軒の家で兵法の本を読んでいる人がいることに気がついた。この人物こそ、龐統だった。「臥龍《がりょう》」と呼ばれた諸葛亮に対して、「鳳雛《ほうすう》」と称される龐統の名前は天下に轟《とどろ》いており、蔣幹は喜んで龐統を曹操の陣営に連れていった。

しかしそれは、最初から周瑜たちがつくったシナリオだった。こうして龐統の献策によって、曹操軍の船はすべてがつながれた。

次に、曹操の陣営に孫権方の黄蓋《こうがい》という将軍の使いが密書を携えて来た。そこには、周瑜から酷い扱いを受けているため、曹操側に寝返りたいということが書かれていた。

しかし、曹操にしても、さすがに孫権方の地位ある武将が簡単に寝返るとは思わない。はじめは半信半疑だった。

そこで曹操は呉に間者を二人送り込んで様子を探らせたところ、

龐統

黄蓋は周瑜とそりがあわず、周瑜から棒叩きの刑という仕打ちを受け、半殺しの目にも遭っていた。このことを知った曹操は、黄蓋の寝返りは本心であると確信し、投降を受け入れることにした。もちろん、これも周瑜と黄蓋が仕組んだお芝居だった。

ある日、黄蓋から曹操にあてて、「今夜、兵糧を積んだ船を率いて貴軍に投降する。船に青龍の旗を立てて行くからよろしく」という連絡が来る。

夜、青龍の旗が立てられた船が、暗闇にまぎれて曹操の水軍に近づいてきた。投降する船だからと、当然、警戒しない。近づいてくる船を迎え入れようとしたところ、突然、その船から火の手が上がった。積んであったのは兵糧ではなく、大量の薪や油だったのだ。黄蓋はこれに火を放ち、船ごと曹操の水軍へと突入させた。

すでに曹操軍の船は、龐統の献策によって鎖でつながれている。そのため、1隻に火がつけば、炎はまたたく間《ま》に別の船に燃え広がる。こうして曹操の水軍は壊滅してしまった。

龐統が献策した、船を鎖でつなぐという策略は「連環の計」、黄蓋の体を張った策略は「苦肉の策」と呼ばれている。

結局、人騙しの名人である曹操も、嘘に騙されて、生涯最大の敗北を喫してしまったわけだ。

嘘で史上唯一の女帝になった則天武后

中国の歴史上、唯一、女性の身で皇帝になったのが、唐の則天武后である。則天武后はもともと、２代皇帝・太宗の妃の一人だった。しかし、太宗がまだ生きているあいだに、その世継ぎである太子、のちの高宗と親密な関係になってしまった。

太宗が亡くなると、妃たちはみな尼になる。しかし、高宗は則天武后のことが忘れられない。そこでいったん尼寺に入った彼女を宮廷に戻して、貴妃にした。それが則天武后の始まりだった。

しかし、高宗には皇后がいるため、妃にはなれても皇后にはなれない。

残念ながら、皇后には子供がいなかった。一方、則天武后は子宝に恵まれて、男子を産み、その後は女子ももうけた。しかし、それでも反対派がいるため、皇后にはなれなかった。

そこで則天武后は現在の皇后を廃して、自分が皇后になることを

則天武后

高宗

決意する。歴史書に記されたそのやり方は残酷なものであった。

ある日、子供のいない皇后が則天武后の娘を見にきた。そのとき、則天武后はわざと出かけて、その場にいないようにした。ところが皇后が出ていったあと、その娘が急死してしまう。一説によれば、則天武后が自ら毒殺したともいわれている。

そして、その罪を皇后になすりつけた。娘をかわいがっていた皇帝は怒り、皇后を平民に落とした。晴れて皇后になった則天武后は、監禁されていた前皇后を百叩きにしたうえで処刑している。

則天武后は、高宗に代わって垂簾《すいれん》政治を行ったことでも有名である。自分に対する支持者が少ないことを知っていた則天武后は、身分の低い者を積極的に登用して、支持者を増やした。

これに対して唐の皇族が次々と挙兵して則天武后を討とうとしたが、則天武后はすべて返り討ちにし、一族もろとも滅亡させている。また、密告により反対派を次々と粛清していった。

則天武后は、女帝が現れるという偽の予言書をつくらせ、全国に流布させた。そして690年、自ら帝位に就いた。

江青

中国では専横のかぎりをつくした則天武后についての評価は低く、呂雉や西太后と並んで「三大悪女」ともいわれるが、高句麗を滅ぼした功績があり、また、農民反乱も起こらなかった。また、人材登用も巧みで、それが玄宗皇帝時代の「開元の治」を花開かせた。

ちなみに、毛沢東夫人の江青は、毛沢東の死後に後継者になる野望を抱いていたため、則天武后を自らに重ねて称賛していた。

唐滅亡の原因をつくった奸臣の嘘

この則天武后の孫にあたるのが、９代皇帝となる玄宗である。その在位は７１２〜７５６年の44年間にわたり、開元の治と呼ばれる善政を行い、唐の絶頂期を迎えた。

この玄宗朝の後半、李林甫《りりんぽ》という人物が19年にわたり宰相を務めた。彼に対する評価は、「口に蜜あり腹に剣あり」。つまり、ずる賢く、嘘の名人だったということだ。熾烈な権力闘争に勝ち抜き、長きにわたり権力を保ったが、安史《あんし》の乱の遠因をつくり、唐を衰退に導いた人物とされている。

たとえば、彼については次のようなエピソードがある。

玄宗皇帝がある日、絳州《こうしゅう》（現在の山西省）の刺史（地方の官僚トップ）である厳挺之《げんていし》を高く評価し、彼を使うように李林甫に命じた。

李林甫は、厳挺之が重用されれば自分が権力を失うことになると恐れ、厳挺之の弟を呼び出して言った。

「陛下が貴方の兄に期待をかけている。早めに陛下にお目にかかれば、大いに用いられるだろう」

しかし、地方に赴任しているため、皇帝に謁見するチャンスはなかなかない。そこで李林甫は一計を弟に授けた。

「まず、病気になったため、都に帰って医者にかかりたいと上奏する。皇帝からの許しがあれば、君の兄は病気治療のために都に上がり、皇帝に謁見する機会が出てくる」

こうして、厳挺之に「病気になったから都に戻りたい」という上奏文を書かせた。そのうえで李林甫は、玄宗に対して上奏した。

「厳挺之はもう高齢であり、病気がちです。名目的な役目を与えて、病気療養させたほうがいいでしょう」

皇帝は残念に思いながらも、そうするしかない。こうしてまんまと厳挺之を閑職に追いやったのである。

玄宗

また、李林甫には李適之《りてきし》というライバルがいた。この人物を潰すために、李林甫は嘘を仕掛けた。

李林甫は李適之に対して、「華山には金鉱があり、国を富ますことができるが、皇帝はまだそのことを知らない」と語った。そこで李適之は玄宗にそのことを伝えた。興味を持った玄宗が李林甫にこのことを問うと、李林甫は「私は知っていましたが、陛下は華山の精の生まれ変わりだといわれています。華山は王の気があるところなので、そこを掘るというのは不遜であるため、あえて言いませんでした」と答えた。

玄宗はこれで李林甫を信用し、李適之を冷たくあしらうようになった。

このように、李林甫の讒言によって失脚した政敵は数多く、罪をかぶせられた家は数百家に及ぶとされる。

玄宗皇帝は才能ある人材を求めたが、在野の遺賢が取り立てられて自分の敵になることを恐れた李林甫は、人材登用をことごとく潰した。

また、辺境防衛で軍功を立てた武将が中央で権力を持つことを恐れ、異民族出身者を推挙した。そこで安禄山《あんろくざん》などが登用されたが、これがのちの安史の乱の遠因となった。

李林甫は晩年、楊貴妃のいとこである楊国忠と熾烈な権力闘争を行ったが、死後、それまでの罪を楊国忠らに訴えられたため、庶民の地位に落とされ財産は没収、一族郎党も配流や左遷されることとなった。

李林甫は「真綿に針を包むごとし」（優しい態度を示しながら、心には悪意を潜ませている）と評され、中国での代表的奸臣の一人とされている。

中華では異人でも腹黒くなければ生きられない

李林甫の時代に登用された武人が、安禄山である。彼はソグド人と突厥《トルコ》系の血を引く人物だったとされている。

彼が異民族系だったことから登用されたことは述べたが、中華の地で生きていくためには、異民族であっても腹黒く、ずる賢く振る舞わなくてはならない（もっとも、唐の王朝自体が、鮮卑という異民族の系列だったともいわれている）。

安禄山は武人ではあるが、ゴマすりが非常に得意だった。それで玄宗に取り入った。

安禄山は非常に太っていて、腹が膝に届くほどだったとも評されるが、それは中国的な「白髪三千丈」であろう。

何はともあれ、とても肥満して突き出した腹を玄宗がおもしろがって、「その中には何が入っているか？」と尋ねると、安禄山は即答した。

「陛下に対する真心でございます」

あからさまなおべんちゃらを、顔色一つ変えず平気で言う人物だった。しかし、この安禄山を玄宗は寵愛する。安禄山は楊貴妃の養子になることを願い出たが、これも許されている。

あるとき、玄宗と楊貴妃が一緒にいたところ、安禄山が拝謁に訪れた。すると彼は皇帝より先に、まず楊貴妃に拝礼した。それは普段の礼ではない。

そのわけを尋ねると、「私は胡人でございます。胡人の家では母が先で、父はあとなのでございます」と言った。その話を聞いて、玄宗も楊貴妃も大喜びしたという。

安禄山は権勢を振るったものの、李林甫の死後に宰相となった楊国忠らとの権力闘争で追い詰められ、最後は謀反を起こした。

これを安史の乱と呼ぶが、玄宗皇帝らは長安を捨てて蜀の地へ逃れることとなった。楊国忠や楊貴妃は、乱の原因になったという理由で、その逃亡途中で唐の兵士に殺害されている。

一方、安禄山は洛陽で燕を建国し、雄武皇帝として即位したが、

安禄山

世継ぎ問題で揉め、太子一派に暗殺された。

安禄山については、『旧唐書《くとうじょ》』や『資治通鑑《しじつがん》』などの史書において、狡猾で残忍な人物と評されている。

「莫須有」とは中国での冤罪の代名詞

中国では現在も「冤罪」は当たり前のように起きている。中国共産党がすべてを決定する中国では、三権分立などなく、判決も処分も為政者の考え一つである。だから冤罪が覆ることも少なく、スピード死刑になることもめずらしくない。

たとえば、1996年に内モンゴル自治区で若い女性の強姦殺人事件が発生し、モンゴル族の男性が逮捕された。警察は拷問のすえに自白を強要、たまりかねて自分がやったと嘘の告白をした男性は、裁判で死刑が言い渡され、事件発生からわずか61日後に死刑が執行された。だが、2005年に別の事件で逮捕された男が同事件について供述を開始、結局、2014年12月に、すでに死刑となったモンゴル人男性に無罪が言い渡された。

あとになって無罪になるケースは中国では非常に稀だが、冤罪そのものは非常に多いと考えられる。民主活動家でノーベル平和賞受賞者の劉暁波にしても、民主化や人権保護を訴える文章「08憲章」を発表したことが国家政権転覆扇動罪にあたるとして、逮捕、収監されていたが、これ自体が冤罪である。

２０１８年３月の全国人民代表大会では、反腐敗運動の独立機関「国家監察委員会」の設置が決定し、監察対象者を当局が独自の判断で６カ月も拘束できる権限が与えられたが、これも冤罪の温床になると危惧されている。

中国では冤罪について、よく「莫須有」という。これは「あったかもしれない、なかったかもしれない」という意味だ。

この語源となったのが、南宋時代の英雄・岳飛《がくひ》と、彼を陥れて中国史上最悪の売国奴との悪名高い秦檜《しんかい》の物語である。

唐が滅び（９０７年）、五代十国を経て宋の王朝が成立した（９６０年）。しかし宋は１１２７年、夷狄である女真《じょしん》族が建国した北方の金に攻められて、徽宗《きそう》と欽宗《きんそう》という二人の皇帝が都の開封《かいほう》から現在の満洲あたりに連れ去られるという事件が起きた（靖康《せいこう》の変）。

宋はこの事件をきっかけに、高宗を新たな皇帝とし、都を臨安に南遷した。そのため、これ以前の宋を北宋、以降を南宋と呼んで区

岳飛

別している。

この北宋亡国の物語は第4章で改めて述べるが、新たに都を定めた南宋は、勇将・岳飛の活躍で金に抵抗していた。

しかし、金に捕らえられていた秦檜が南宋に帰朝し、新たに宰相に就任すると、高宗と秦檜は南宋を守るために金との講和路線を推し進める。

これに対して岳飛らの軍人は主戦派で、徹底抗戦を主張していた。岳飛は中原を奪還して連れ去られた先代の二人の皇帝を迎えに行かなければならないと唱えていた。

しかし、新しい皇帝からすれば、先代の皇帝が戻れば、自分の立場はない。そのため、秦檜の講和主義を後押しした。こうして秦檜は、さまざまな理由をつけて主戦派の武将や臣下の官職を剝奪し、その身分を落とした。

しかし、英雄の岳飛に対しては罪状がない。そうなると、冤罪を仕掛けるしかない。そこで秦檜は反逆罪で岳飛を捕らえた。だが、さすがに南宋の大臣が朝議の場で、「岳飛にどんな罪があるのか」

徽宗

と秦檜を問い詰めた。

するとと秦檜は冒頭の「莫須有」という言葉で返した。つまり、「あったかもしれない、なかったかもしれない」という罪で裁くという意味だ。これにより、岳飛は処刑されてしまった。以降、「莫須有」という言葉は、中国で冤罪を表す言葉となったわけである。現代語で言ってみれば、「推定有罪」ということだろう。

邪魔者の岳飛を謀殺した秦檜は、金とのあいだで国土割譲や多額の貢ぎ物を約束するという、屈辱的な和議を結ばされた。

秦檜の死後、中国では最悪の売国奴として、現在まで悪罵され続けている。とくに、夷狄である異民族に屈し、救国の英雄を死に追いやったということで、非常に評判が悪い。

杭州の岳飛の廟には、後ろ手に縛られ、ひざまずく秦檜夫婦の像が置かれている。岳飛に対して罪を償えと、明の時代になってつくられたものである。

最近まで、この像に対してつばを吐きかけるのが、岳飛廟を訪れた中国人の習慣となっていた（現在は禁止）。

とはいえ、これまで見てきたように、正直で誠実な人間を嘘で陥れるというのが、中国の成功者の典型的なパターンである。むしろ秦檜のような人物のほうが中国には圧倒的に多いと考えるのは、私だけだろうか。

冤罪による粛清は中国の伝統

南宋は金に苦しめられ続けるが、1200年代のはじめ、北のモンゴル高原にモンゴル帝国が起こり、急速に勢力を拡大する。モンゴル帝国は南宋と協力して金を滅ぼすが（1234年）、1276年には南宋がモンゴル軍に攻められて滅亡した。

以降、約90年にわたり、中国大陸はモンゴル帝国に支配される。いわゆる元朝である。

この時代は異民族支配の時代であったが、世界帝国であるモンゴルによる支配は、中華世界における貨幣制度を発達させた。

だが、1300年代の中盤になると元の統治が乱れ、白蓮教を中心とする反乱、いわゆる「紅巾《こうきん》の乱」が各地で頻発した。これに乗じて元を北方へ追い返し、中華の地を回復したのが、貧農が出自の朱元璋《しゅげんしょう》である。

朱元璋は1368年、明を建国し、太祖となった。また、洪武帝とも呼ばれる。朱元璋は、晩年、後継者問題に絡んで数度の大粛清を行い、功臣を次々と冤罪で陥れ、殺していった。犠牲になった者は一族含めて10万人以上ともいわれている。

朱元璋がこのような粛清を行った背景には、後継者問題が絡んでいた。自らの死期が近づくにつれ、後事を憂えて、宿将を排除していったといわれる。そのやり方は、中国の典型的なものだ。

要するに、誰かに密告させ、有無を言わせず捕らえる。そして拷問で自白を強制する。そうやって芋づる式に関係者を冤罪で裁き、大粛清していった。

同様のことは、毛沢東も行っている。

たとえば、1921年に上海で設立された中国共産党は、27年に江西省南昌などで武装蜂起したが失敗。指導者の一人だった毛沢東は部隊を率いて江西省と湖南省にまたがる井崗山《せいこうざん》に入り、最初の根拠地とした。

やがて毛沢東は地元の幹部と対立、そこで毛沢東は江西省党委員会が置かれる富田村に部下を派遣して反対派120人を逮捕し、24人を処刑している。その理由を毛沢東は、党内にいるAB団（国民党の反共組織）の摘発だとしていた（「産経新聞」2017年10月26日付）。

その後、AB団摘発を名分とする粛清が各地で行われ、富田村だ

朱元璋

けでもさらに4000人以上が逮捕・処刑され、各地で7万人以上が犠牲になったともいわれている。そしてそのほとんどが冤罪で、中央党史研究室が編纂した『中国共産党歴史』にも、「ひどい憶測と拷問で得られた自供により、多くの冤罪、でっち上げが生み出された」と記述されている（同紙）。

一党独裁で報道の自由も人権の保障もない現在の中国では、いつ冤罪が生み出されてもおかしくない。

反乱軍も虚偽だらけ

明王朝は李自成《りじせい》や張献忠《ちょうけんちゅう》などによる農民一揆によって崩壊した（1644年）。この農民軍がよくやる手が、「偽降」「詐降」といったものだった。要するに、官軍に偽って投降することだ。これによって窮地を脱すると、またもう一度、乱を起こす。そういうことが繰り返された。

こうして農民反乱によって明は滅亡したが、北京を陥落させ、新たに大順を建国して皇帝となった李自成もまもなく清によって北京を追い出され、農民の自警団によって殺害された（1645年）。

こうして中華の地は再び女真族という夷狄によって支配、統治されるようになった。この清が滅びるきっかけとなったのが、清王朝最後にして最大の内乱、太平天国の乱である。

この太平天国の乱は、洪秀全という人物が首領となって起こした乱である。

洪秀全はもともと広東省出身の読書人で、科挙及第を目指していたが、失敗続きだった。そんなとき、キリスト教布教のために出まわっていた『勧世良言』というキリスト教の教義を説く小冊子を手に入れた。とはいえ、のちの話によると、洪秀全は手に入れてから数年間、まったく読んでいなかったという。

三度目の科挙試験に失敗したところで、病気に罹《かか》り臥《ふ》せっていると夢を見た。その夢には偉い老人が出てきて、いろいろな話をするのだが、その老人が「自分には二人の子供がいる。一人がイエス・キリストで、もう一人が洪秀全だ」という。

そして老人が洪秀全に対して、「現世に戻り万民を救済せよ」と命じたところで、洪秀全は目が覚めた。しかし、当時の洪秀全には、この夢の意味がさっぱりわからなかった。

洪秀全

ある日、友人が訪ねてきて、洪秀全の本棚に『勧世良言』を発見する。それをまず友人が読んで、洪秀全に勧めた。洪秀全は、この本を読んで初めて悟ったのだ。自分が夢の中で見た老人はゴッド（上帝）であって、イエス・キリストは上帝の長男、そして自分は次男であると。それで目覚めた。

洪秀全は広西省桂平県金田村で拝上帝教（拝上帝会）という組織をつくり、布教活動を行った。そのなかで、清王朝とも敵対するようになる。洪秀全は1851年に清に対して反旗を翻し、天王を称して太平天国を建国した。

おもしろいのは、洪秀全が太平天国のなかで科挙制度を取り入れたことだ。キリスト教徒であるにもかかわらず、儒教の経典を用いた登用制度を導入するというインチキぶりで、しかも洪秀全は愛人を30人も40人も囲っていた。

要するに、洪秀全はキリスト教を単に利用しただけだった。おそらく、神の夢を見てから『勧世良言』を読んだというストーリーはでっちあげで、実際には『勧世良言』を読んで、神の夢を見たことにしただけだろう。

太平天国軍は永安を攻略し、さらに1853年には南京を陥落させ、この地を天京《てんけい》と改名して太平天国の都とした。

だが、太平天国内部で、ヤハウェのご託宣を受け「天父下凡」と称していた楊秀清が力をつけ、洪秀全に対抗するようになってきた。そこで洪秀全は１８５６年、楊の一族を粛清し、配下の兵士約４万人を虐殺した。

この内紛によって一時的に勢いを失った太平天国だが、洪秀全は若い人材を登用し、再び勢いを盛り返した。同時に拝上帝会時のメンバーで、香港にいた洪仁玕《こうじんかん》が天京に合流してきた。これを喜んで迎えた洪秀全は、内政を任せた。ところが、洪仁玕の言うことをほかの首脳陣が理解できず、次第に反発が生まれることとなる。

そこで忠誠心をつなぎとめるために、洪秀全は王位を乱発するようになる。そのこともあって、太平天国の規律が緩み、初期には見られなかった略奪行為や徴収が各地で頻発し、民衆の支持を失っていった。

１８６３年からは太平天国はその領地を次々と失い、64年６月には洪秀全が死亡、７月には天京が陥落し、太平天国の乱は終焉した。

中国においては、幾度も宗教反乱が起きているが、いかに宗教心によって民衆を煽動《せんどう》しようとしても、結局は人間臭い権力争いによって内部から瓦解する。そもそも神威をでっち上げているだけなのだから当然だろう。

ただし、信仰心を利用した反乱であるだけに、王朝側にとってはかなり厄介であることは間違いない。しかも現在の中国は、「宗教はアヘン」だとみなす共産主義体制である。もちろん、共産主義などすでに誰も信じていないが、中国共産党は自らの独裁だけは守りたいと思っている。独裁体制にとって、宗教指導者は危険このうえない存在である。民意の受け皿のない独裁体制では、宗教が民意の受け皿となり、体制転覆へと向かう可能性があるからだ。

そのような意味では、歴史上の宗教反乱が中華王朝を脅かしたのと同じ構図が、現在の中国でも続いているということだ。

だからキリスト教、チベット仏教、イスラム教など宗教への弾圧がいまだ中国で続いているのである。

第4章

嘘で国を盗った者たち

自分の子を帝位につけた商人

中国では嘘によって国を盗み取った、逆に失ったというスケールの大きな話もたくさんある。中国でいかに嘘が歴史を動かしてきたかがよくわかる。

たとえば、戦国時代末期の豪商、呂不韋《りょふい》などは、嘘によって国を盗み取った人物として知られる。

呂不韋は衛の濮陽《ぼくよう》で商人の子供として生まれ、若い頃から各国を渡り歩いて商売をし、富を築いた。諸国の大都市に拠点をつくって、大量の物資を動かし、巨万の富を蓄えていた。呂不韋自身は、韓の陽翟《ようたく》で暮らしていた。

当時、もっとも進んだ中原の地には、趙・韓・魏の「三晋」があり、その周りを取り囲むように、東には斉、北には燕、西には秦、南には楚があった。これらの国は「戦国の七雄」といわれるが、戦国末期には秦がもっとも強大であった。

ある日、呂不韋は自分の邸宅がある趙の邯鄲《かんたん》にいたが、町中で兵士に護衛されながら輿に乗っている若者を見かけ、それが秦の昭王の太子である安国君《あんこくくん》の子供の一人、子楚《しそ》であることを知る。子楚は人質として秦から趙へ送られてきていた。安国君には二十人以上の子供がいたが、子楚が人質として選ばれたのは、生母が安国君の寵愛を失っていたためであり、しかも趙へ送られたあとは、ほとんど本国から見捨てられたような状態になっていた。

秦はたびたび趙を攻めたため、子楚はいつ殺されてもおかしくなかったが、それを口実に秦が侵略を仕掛けてくることを恐れ、趙は子楚を殺さなかった。

このことを知った呂不韋は、「奇貨居くべし」（めったにない機会だ、買っておこう）と述べたという。

呂不韋は、子楚に対して莫大な援助を申し出た。いぶかる子楚へ呂不韋は、「昭王は高齢で、安国君の正室である華陽夫人には子供がいない。見捨てられた子楚だからこそ、自分の財力の限りを尽くして華陽夫人の養子となし、太子にすることができれば、その投資は何倍にもなって返ってくる」と説明した。

呂不韋は自分の財産の半分を子楚に与え、門戸を立派にして、人質として来ている他国の王族と交わりを結び、自らの名声を高めるように求めた。一方、自分は秦へ行き、華陽夫人をはじめその親族

呂不韋

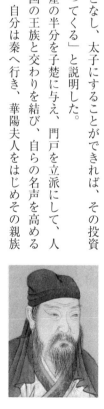

にまで「子楚から」ということで高価な品々を献上し、いかに子楚が華陽夫人を慕っているか、そして、趙でどれほど人望を得ているかを滔々《とうとう》と述べた。言うまでもないが、それらはすべて作り話、つまり嘘である。

呂不韋は、子供のいない華陽夫人が子楚を養子にして、安国君の世継ぎとすることができれば、夫人の親族は子々孫々まで繁栄するとそそのかした。

その話にすっかり乗せられた華陽夫人は、夫の安国君に泣いて頼み込んだ。安国君も、生母に飽きたという理由で子楚を趙に人質に出した罪悪感から、これを承諾した。こうして子楚は、華陽夫人の養子となり、安国君の世子となったのである。

子楚を秦の嫡嗣《ちゃくし》にすることに成功した呂不韋は、邯鄲の邸宅に子楚と各国の名士らを招き、宴を開いた。そのとき子楚は、呂不韋の側女《そばめ》で類まれなる美貌の趙姫《ちょうき》を目にして、大きく心動かされた。そして呂不韋に趙姫を譲ってくれるように頼んだ。

じつはそのとき、趙姫は呂不韋の子供を身ごもっていた。最初は子楚の申し出に対して頭にきた呂不韋だが、さすが商人である。いま子楚と仲違いすれば、これまでの投資も無駄になる。さらに深い魂胆を秘めて、呂不韋は趙姫を子楚に贈った。

その10カ月後の翌年の正月、趙姫は男の子を産んだ。正月に生まれたから「政《せい》」と名付けられた。これがのちの秦の始皇帝である。もちろん、子楚は自分の子供だと信じて疑わない。

政が生まれた年（紀元前259年）の冬、秦は大軍で趙を攻め、邯鄲にまで迫った。こうなると、さすがに人質の子楚は趙に殺されるかもしれない。そうなればすべてが水の泡になることを危惧した呂不韋は、子楚の邸宅を見張り、警護する武将や門番までを買収して、なんとか子楚を脱出させた。こうして子楚は秦へ戻ることができたのである。

紀元前251年に昭王が死去し、安国君があとを継いで孝文王となった。子楚は正式に太子となったが、そのとき趙は、自国に残されていた趙姫と政を秦に返してきたとされている。

孝文王は翌年に正式な即位の礼を行ったが、その3日後に突然、不明の死を遂げる。その混乱のなかで子楚があとを継いだ。これが荘襄王《そうじょうおう》である。もちろん趙姫は王后、政は太子となった。そして呂不韋は丞相となり、その権勢は並ぶものがなかった。

荘襄王は即位3年後に、まだ35歳の若さで死去した。13歳の政が王位を継いで、呂不韋は相国《しょうこく》（宰相）となり、「仲父」（父に次ぐ者、叔父）と尊称され、国権をすべて掌握した。こうして、呂不韋は巧みな嘘で、自分の子供を秦の王に、そして自らも最高権力者の地位に就いたのである。

ただし、本当に政が呂不韋の子供であったかどうかは、呂不韋と趙姫にしかわからないが、記録によれば、当時からそのような噂が出ていたらしい。

その後の呂不韋だが、荘襄王が死去してから、若くして太后となった趙姫と再び関係を持つようになった。しかし、年老いた呂不韋は、次第に趙姫の要求に応えられなくなっていった。しかも、関係がバレれば身の破滅である。

そこで呂不韋は自分の身代わりとなる嫪毐《ろうあい》という男を見つけ出し、宦官だと偽って後宮へ送り込んだ。嫪毐は後宮に入って太后の寵愛を受け、2人の息子をもうけた。また、次第に権力を握るようになり、呂不韋に次ぐ権勢を誇るようになった。

しかし、内偵により太后との密通が露見した。そこで嫪毐は反乱を企てるが鎮圧されて車裂きの刑で誅殺、太后とのあいだの2人の子供も処刑された。

呂不韋もこれに連座して処刑されるところだったが、それまでの功績により丞相罷免と蟄居で済んだ。しかし、蟄居後も食客や各国名士とさかんに交流していたため、反乱を起こすのではないかと疑われ、さらに蜀への流刑となった。自らの未来に絶望した呂不韋は、服毒自殺した（紀元前235年）。

嘘によって国を盗った男はまた、嘘によって破滅を余儀なくされたわけである。

聖人君子の劉備も嘘で国盗り

三国志において、乱世の姦雄《かんゆう》・曹操のライバルとして登場するのが劉備《りゅうび》である。物語『三国志演義』では、義理人情に厚く、誠実な主人公として描かれている。さらに、日本で吉川英治が書いた『三国志』では、曲がったことは決してしない、まるで聖人君子のように描かれている。

だが、現実はそのような人物ではなかった。

黄巾の乱に対して義勇軍を結成して活躍した劉備は、その功績によって中山国《ちゅうざんこく》安熹県《あんきけん》の尉に任命されたが、郡の督郵（監察官）が安熹県にやって来たときに面会を断られたことに腹を立て、押し入って縛り上げ、杖で200回叩いて半殺しの目にあわせ（『三国志演義』では舎弟の張飛がやったことになっている）、官の印綬を督郵の首にかけて官を捨てて逃亡するなど、粗暴な一面もあった。

また、劉備は益州（巴蜀）を獲得し、魏、呉とともに天下を三分することになったが、益州は騙し取ったものである。

208年、呉の孫権と同盟を結んで赤壁の戦いに勝利した劉備は、荊州南部を占拠して荊州のほとんどを配下に収めた。これに対して怒ったのは呉だった。呉は、かつて孫権の父である孫堅が元荊州長沙太守だったことを理由に領土返還を求めるが、肥沃な荊州は蜀ま

劉備

で勢力を伸ばすために必要不可欠の場所だった。

　諸葛孔明は呉に対して、巴蜀を手に入れたら返還することを約束し、なんとかその場をしのいだ。こうして荊州牧《ぼく》となった劉備は、荊州から益州へ進攻する機会を窺った。

　益州はもともと漢王室の一支派である劉焉《りゅうえん》の土地であった。劉焉は黄巾の乱以後、自ら願い出て益州の牧となった。当時の益州では、張魯《ちょうろ》という教祖の新興宗教が活発な布教活動を行っていたが、劉焉はこの張魯と手を組んで、支持基盤を固めた。

　だが、劉焉が死去して、代わりにこの地の主となった息子の劉《りゅう》璋《しょう》は暗愚だったため、張魯は漢中で独立を宣言、こうして劉璋と張魯は敵対関係に入った。

　この頃、北方を平定した魏の曹操の圧力がこの地にも伝わってきた。しかし劉璋は暗愚であったため、張松《ちょうしょう》や法正《ほうせい》といった益州の文人官僚らは劉備を迎え入れて劉璋と交代させようと考えた。そして荊州と連絡を取り始めたのだ。

　211年、曹操が漢中の張魯を討つ動きを見せると、益州は動揺

諸葛孔明

した。漢中が討たれれば、次は自分たちの番である。

そこで益州の文人官僚は劉璋に対して、劉備に救援を求めて張魯を討たせ、劉備に漢中に駐屯してもらうことで、曹操に対する緩衝としようと建言した。劉璋はこの案を了承し、法正に命じて劉備に救援を求めさせた。

このとき法正は、巴蜀の地図や要害の場所など、重要な機密情報を劉備に与えた。

かくして劉備は数万の兵を率いて益州に入った。劉璋は数日間、歓迎の宴を開いたが、法正や龐統は劉備に対して、ここで劉璋を殺して一気に益州を手に入れるべきだと進言した。だが、天下の信を失うことを恐れた劉備はこれを拒否した。

劉備軍は漢中へ向けて進軍したが、益州強奪を諦めたわけではなかった。途中で軍を止めて兵力を温存し、劉璋のいる成都攻撃の口実ができるのを待った。

２１２年10月、曹操が孫権討伐に動き出し、これに対して劉備は孫権から救援の要請があったのでいったん荊州に引き揚げると劉璋

劉璋

に通告した。もっとも、孫権からの救援要請が本当にあったのかどうかは疑わしい。これは龐統の計略で、別れの挨拶に来るだろう白水関の守将を殺して、一気に成都を急襲するつもりだったとも言われている。

ところが、劉備が引き揚げを申し入れてきたことに驚いたのは、張松だった。このままでは計画は水の泡になる。張松は劉備に思いとどまるよう手紙を書いたが、これが運悪く劉璋に露見してしまった。

劉璋は張松を斬り、劉備に益州内を通過させないように各関の守将に命じた。漢中とのあいだで孤立させるためだ。

これを不当な扱いだと言い立て、劉備軍は白水関の守将を殺して南下、成都を襲った。約1年の戦いのあと、214年夏、劉璋が「これ以上、勝てる見込みのない戦を続けて領民を苦しめたくない」と無血開城を申し入れて降伏、益州は劉備のものとなった。

劉備と劉璋を比べれば、才能や人望はないものの、劉璋のほうが民衆のことを思いやっていたことがわかる。

劉璋は次男とともに荊州西部の公安に移された。

劉備が蜀を手中に収めたことで、孫権の呉は、荊州の返還を求めてきた。これに対して劉備の答えは「涼州を手に入れたら返しましょう」という、木で鼻をくくったようなものだった。

涼州は蜀から遠く、劉備たちが簡単に取れる場所ではない。

荊州返還の意志がないと見て取った孫権は荊州を攻め、２１９年に奪還する。このとき劉璋も呉に下り、孫権からは益州の牧に任命されている。

このように劉備の実像は、約束は守らない、騙し討ちで国を盗るといった、日本で信じられる劉備像とはかなりかけ離れたものであったようだ。

もっとも、中国人のあいだでは劉備は優柔不断かつ偽善的であまり人気がない。むしろ曹操のほうが強いリーダーとして人気が高い。

嘘で国と帝位を奪った隋王朝の末路

三国時代を終焉させて再び中国を統一したのは、諸葛孔明のライバルだった魏の司馬懿《しばい》の孫・司馬炎《えん》であった。司馬炎は晋王朝（西晋）を創始して皇帝となり、全国を統一した。だが晋は八王の乱などで乱れに乱れ、わずか50年しかもたなかった。その後は五胡十六国、南北朝時代と、天下分裂状態が続いた。

それを再び統一したのは隋王朝で、初代皇帝は楊堅《ようけん》である。

楊堅は南北朝時代に華北を統一した北周の大将軍の子供として生まれた。自らも若い頃から出世を重ね、大将軍から大司馬を経て39歳のときには大丞相となり、北周の実権を握った。

楊堅は宣帝に娘を嫁がせ皇后とし、外戚として絶大な権力を持ったが、宣帝は暗愚で、在位1年で7歳の息子（静帝）に皇位を譲ってしまい、自ら天元上皇と名乗り、酒色にふけった。天元上皇は官僚から何かと頼られる存在の楊堅をうとましく思い、暗殺なども仕掛けたが、いつも楊堅のほうが一枚上手であった。

楊堅のほうも、天元上皇の放埒さから、その命は長くないと見ていた。果たして天元上皇は、580年、22歳の若さで亡くなった。

だが、楊堅はその死を隠し、天元上皇の詔ということで命令を出し、全軍隊の指揮権など、あらゆる実権を自らに与えた。また、反乱を避けるため、地方に派遣されていた王室の有力者たちに、単身で入朝する詔を出した。

天元上皇の死後2日経って、楊堅は大喪を発表し、後事はすべて楊堅に一任したという天元上皇の偽の詔勅を公表した。そこには、すべての官吏や人民は、天子の代理人として楊堅に従わなくてはな

司馬懿

司馬炎

らないと書かれていた。

楊堅は旧《ふる》くからの功臣など、邪魔な勢力を一掃し、581年2月、天元上皇の死から1年も経たないうちに、静帝に禅譲させて皇帝（文帝）に即位し、隋王朝を開いた。

静帝をはじめとする北周の皇室一族は、のちに皆殺しにされている。

こうして北周から帝位を奪った隋の文帝は、587年に後梁、589年に陳を滅ぼして、西晋滅亡から300年後に、再び中国を統一した。

だが、隋もわずか3代、37年で滅亡してしまった。その元凶となった2代目皇帝が煬帝《ようだい》である。

煬帝の本名は楊広といい、文帝の次男でもともとは太子ではなかった。長男の楊勇が太子であったが、楊勇は派手好みで、愛妾を求めて正室を疎かにしたため、母の独孤《どっこ》皇后から嫌われた。

独孤皇后は文帝に「ほかの女性と関係しない」と誓わせている。文帝は恐妻家で、独孤皇后の言うことを守った。また、文帝自身が

楊堅

若い頃、経済的に貧しかった時期があり、奢侈を嫌ったため、派手好きの皇太子とは、ウマがあわないところがあった。

こうした状況を利用して、楊広は兄とはまったく違う自分を演出した。愛人は徹底的に隠し、帝夫婦が来訪するときには、家の調度品も豪華なものはすべてしまい、貧しいものに変えた。

腹心らを使って文帝に皇太子の讒言を行い、楊広についてはその品行方正さをアピールしてもらった。

楊広は皇太子の側近であった姫威《きい》を買収し、皇太子の動向を探らせた。そして、近臣の者を使って「皇太子はその不品行によって廃嫡させられる可能性が高い。もしそうなれば、御身もただでは済まない。いまのうちに皇太子の不行跡について告発しておくべきだ」と、姫威を脅した。

もはやあとに引けなくなった姫威は、皇太子に謀反の企てがあると、嘘の告発を行った。これによって、ついに皇太子は廃され、楊広が新たに皇太子となったのである。

独孤皇后が亡くなったとき、新皇太子は喪に服すパフォーマンス

煬帝

に徹した。自分の宮殿では、台所に命じて、朝と夕に一すくいの米だけを炊かせた。徹底的に悲しみにくれているふりをしたわけだ。しかし実際は、こっそりと裏口からごちそうを取り寄せた。匂いが漏れるのを避けるため、竹筒の中に料理を詰めて、ロウで密封して届けさせたという。

そこまで倹約、品行方正ぶりに徹したのも、皇帝の地位を得るためである。そのため、皇帝の座に就いたとたん、徹底的に奢侈な生活に豹変した。

それに加えて三度にわたる高句麗遠征、大運河の建設などで国庫に負担を与え、民衆からの反感を買った。

各地で反乱が起こるようになると、煬帝は次第に酒色にふけるようになり、国事を顧みなくなった。618年、部下のクーデターによって煬帝は殺害された。煬帝の孫にあたる恭帝侑《きょうていゆう》が12歳で3代皇帝に即位したが、在位半年ばかりで、唐の李淵《りえん》に皇位を禅譲し、隋は滅亡した。

禅譲という名の茶番劇

古《いにしえ》の尭舜の時代に行われたという禅譲は、前漢末の王莽がまず試み、さらに魏の曹丕《そうひ》が後漢の献帝から帝位を譲られ、次に、司馬懿の孫である司馬炎が魏の皇帝から帝位を譲られるという例をつくった。それ以降、王朝交代においては、禅譲による帝位移譲という形が定型化した。

もちろんこれは単なる形式であり、現実的には力によって王朝を奪ったことに違いはないのだが、「易姓革命」の理論においては、「徳のない天子が徳のある人物に帝位を譲る」ことで王朝交代を正当化するため、こうした形式が習慣化していった。

禅譲に際しては、数度は辞退するものの、群臣の請願を受け入れるかたちで、上帝を祭って即位するということが「お約束」になった。

また、中国では漢の時代以来、帝王の政治と自然現象を結びつける「天人相関説」が取り入れられた。つまり、聖王が現れる前に、必ず瑞兆《ずいちょう》によって示されるというもので（これを符瑞ともいう）、これも禅譲の際の「お決まり」となった。

要するに、どこかで龍が現れたとか、真っ白なヘビが見つかったなど、地方の責任者に報告させるのだ。そして占い師に、それが「禅譲」によって新たな天子が生まれる瑞兆だと占わせるのだ。

曹丕

たとえば220年3月、「譙県《しょうけん》で黄色い龍が現れた」と上奏する者があった。ちょうど魏の曹丕が後漢の献帝から禅譲を受ける直前である。譙県は曹氏の本籍地であり、黄色は皇帝の色、龍は天子の化身とされている。

こうしたお膳立てをしたうえで、占い師に「何のしるしだ」と問い、「漢の劉氏から曹氏へと天子が変わることを暗に意味しているのです」と言わせるわけだ。

その年の10月、漢の献帝は魏王曹丕に位を譲るとの詔勅を出した。曹丕は辞退し、献帝が再び詔勅を出す。こうしたことを何度も繰り返してから曹丕は受け入れた。こうして漢は滅亡した。

このことを聞いた劉備は、諸葛孔明らの勧めを受けて、221年4月に蜀漢の帝位についた。このときも「黄龍、武陽の赤水に見え、九日にして乃ち去る」という瑞兆があったとされている。赤は漢王朝の徳を象徴する。

呉の孫権は229年4月に帝位についた。このときは、「夏口・武昌に黄龍と鳳凰が出現した」という吉祥があったという。

孫権

こうした吉祥を演出するのは、何も昔のことだけではない。たとえば2018年3月17日、中国で開催されていた全国人民代表大会において、習近平が国家主席に再選されると同時に、憲法から国家主席の任期が削除された。

これによって習近平国家主席が終生にわたって最高指導者になることが決定的となった。つまり名実ともに皇帝になったわけだが、この日、北京では朝から季節外れの雪に見舞われた。

中国では喜ばしいことがあると、天が祝福の雪を降らせるという言い伝えがある。これは「瑞雪《ずいせつ》」とも言われる。そこで国営通信や人民日報は速報で「吉瑞の雪」だと報じた。

ところが香港の「サウスチャイナ・モーニング・ポスト」によれば、これは北京近郊の山に設置した人工降雪機によるものだったという。本来、この日は雨だったが、それだと「良いことも悪いことも水に流される」ことになってしまう。そこで大慌てで人工降雪機で雪を降らせたとのことだ（「ビジネス・ジャーナル」2018年3月19日、「相馬勝の国際情勢インテリジェンス」より）。

もちろん、吉祥の話をもたらした者には、莫大な恩賞が与えられることも少なくない。ときに易姓革命を正当化するための重要な道具になりうるわけだから、新たな王朝創建を目指す権力者にとっては、喉から手が出るほど欲しいものだろう。そこに利害の一致が生まれる。

たとえば東晋末期、仏教界は政治と結びついて、大いに堕落した。僧尼は近親者を推薦して賄賂を取り、また、酒色にふけるようなことも多かった。

その頃、東晋で実権を握っていた劉裕《りゅうゆう》は、王朝簒奪《さんだつ》を目論んでいた。あるとき、都に慧義という僧侶が現れ、このような話をした。

「冀州《きしゅう》の法称道人がお隠れになるとき、弟子に言われたことによると、江南に劉という、漢王室の末裔の将軍がおられる。この方は、天命により新しい王朝を建てることになる。私はその証拠として、玉璧32個、黄金一錠を嵩山《すうざん》に埋めた」

　この話は劉裕にも伝わったため、彼は丁重に慧義を呼び寄せた。そして、嵩山に出向いて瑞宝を探してくれるように懇請した。

　420年、劉裕は東晋の恭帝から禅譲を受け、宋王朝（劉宋）を建国し、初代皇帝の武帝となった。宋と結びついた仏教は、3代皇帝の文帝の時代に最高潮の隆盛を極めたのだった。

　しかし、同時期に華北を支配していた北魏の太武帝は、腐敗と反乱の要因となっている仏教を徹底的に弾圧し、寺院や仏像を破壊、僧侶を生き埋めにした（中国史における「三武一宗の法難」といわれる仏教弾圧の最初）。

劉裕

唐の則天武后も、仏教を利用して史上唯一の女帝になっている。儒教では「牝鶏晨す《ひんけいあした》」といって、女性が権勢を振るうと国が衰えるとされている。したがって、儒教に女帝となる根拠は求められない。そこで仏教の経典『大雲経』に、仏如来が浄光天女に対して国土を治めるように言ったという一節があることを根拠として、女帝即位を正当化している。

「裏切り」「約束を守らない」は中華の宿痾

960年、後周の近衛軍長官であった趙匡胤《ちょうきょういん》が、後周最後の皇帝から禅譲を受けて、宋を建国した。

北方には夷狄の遼があり、たびたび宋を脅かしたが、宋は遼に毎年財貨を贈ることで和睦した。一方で、宋は、五代時代の936年に後晋から遼に割譲された華北の燕雲《えんうん》十六州の奪還を目指していた。そこはもともと中華の地だったが、異民族による支配が続いていたのだ。

1115年、満洲の女真族が金を建国し、遼を脅かす存在になった。宋は「夷を以て夷を制す」ことを狙い、金に使者を送ってともに遼を攻撃する協定（海上の盟）を結んだ。そして、もし金の協力によって燕雲十六州を取り戻せたら、そのうち六州は宋が取り、残り十州と、遼に渡していた財貨は金に贈ると約束した。

ともに遼を攻撃する協定を結んだものの、宋は自国の反乱鎮圧に手こずり、なかなか約束を守れなかった。

宋の徽宗皇帝は奢侈にふけり、西蕃征伐にも精を出していたため、国庫は底をついた。そのため人民を徹底的に搾取して費用を捻出したが、民衆の不満が高まり、各地で反乱が起こっていたのである。

金はそのような宋を頼みにすることなく、独自で遼に攻撃を仕掛け、破竹の勢いで撃破していった。

1122年、遼の都である燕京（現在の北京）で政治的クーデターが発生した。国内の反乱をようやく平定し、これを好機と見た宋は、燕京攻撃へと乗り出した。ところが宋軍は遼軍に大敗を喫してしまう。そこで宋は金に援軍を要請、これを快諾した金軍が燕京になだれ込み、遼軍は潰走した。

燕京を占領した金では、自分たちの力でこの地を獲得したのであり、約束に遅延ばかりしている宋に渡すべきではないとの声も上がった。

しかし、金の太祖完顔《ワンヤン》阿骨打《アグタ》はいったん約束したことだからとい

趙匡胤

って、反対を押し切って燕京を含めた六州を宋に譲った。

「海上の盟」では、宋が金に財貨を支払うことになっていた。ところが、宋はその約束を果たさないまま燕京付近の六州を支配し続けている。それどころか金の反乱者を匿《かくま》ったり、金を挟撃する密約を遼と結ぶなどの背信行為が度重なった。

これに怒った金は、1125年、大軍で宋を攻めた。徽宗皇帝は恐れをなして、帝位を子供の欽宗に譲り、自分は側近を連れて南方に逃げた。

金軍は破竹の勢いで進軍し、ついに宋の首都開封を包囲。宋はここに至って金に講和を申し出た。

その交渉途中で、宋は金軍に夜襲をかけるなど卑劣な行動に出たものの、金軍に簡単に撃退されてしまった。

講和交渉の際ですら裏切る宋に対して、金は賠償金と領土割譲を要求、宋もこれを飲まざるをえなかった。

しかし、金軍が引き揚げると、宋は再び裏切りに出る。割譲を約束した地の将兵に命じて、城を金軍に渡さないよう伝えた。さらに金の統治下にある遼の遺民をそそのかし、謀反を勧めたりしていた。

度重なる背約行為に堪忍袋の尾が切れた金は、1126年に再び宋を攻撃し、開封を陥落させた。そして宋に対して、さらに莫大な賠償金を要求した。

それが支払えないとなると、金は徽宗、欽宗らの皇族や、技術者など数千人を北方に連行したのである。

これを「靖康の変」と呼び、宋は一時的に滅亡したことになる。しかし欽宗の弟が江南に逃れて即位し、臨安を都と定めた。これを「南宋」と呼び、それ以前の宋は「北宋」と呼ばれる。

いずれにせよ、背信行為ばかり行っていた宋は、約束を守る女真族の怒りを買い、亡国の憂き目にあった。日頃、夷狄を野蛮人と蔑む割には、嘘と裏切りは中国人のほうが日常茶飯事なのである。

中国には「革命外交」という概念がある。これは北伐に成功してほぼ中国統一を成し遂げた蔣介石の国民政府が推し進めたもので、それまでに締結された条約を「不平等だ」ということで、一切の外交交渉なしに、一方的な通告で廃止するというものだ。

日本は、江戸幕府が結んだ不平等条約を解消するために、明治維新や日清、日露戦争といった血のにじむ努力を続け、不断の外交交渉によって、ようやく各国と平等な条約を締結することができた。しかし中国はそういった手続きなしに、一方的な宣言だけで無効にした。

そのうえで、国民政府は、満洲で日本人に土地を売ってはならない条例や日本人の土地利用を禁止する法令などを次々と出して、日露戦争によって日本が獲得し、当時の清王朝も認めた日本の権益を全面的に否定した。国家間の約束や条約という概念が通用しないのだから、日本としては苛立ちが募るばかりで、それがやがて満洲事変へとつながっていった。

国際的な条約を守らないといえば、2016年7月にオランダ・ハーグの常設仲裁裁判所は、中国が主張する南シナ海領有に法的根拠がないという判決を出した。しかし中国政府は「判決は紙くず」だと吐き捨て、現在も南シナ海の支配強化、軍事施設化を続けている。中国にとって不都合な条約など、守る必要がないという姿勢なのだ。

「小中華」である韓国も、日本と2015年末に結んだ慰安婦合意を、事実上、一方的に破棄している状態である。

中華世界では「約束は破るもの」というのがいまでも常識なのである。

第5章

中国3大嘘つき列伝

①王莽――易姓革命を正当化した大偽善者

皇室の外戚なのに不遇な日々

劉邦が創始した漢帝国は、建国二百十数年にして、王莽（紀元前45年～紀元後23年）という男に乗っ取られた。彼は紀元後8年、皇室の外戚として政権を独占したのちに、漢帝国の皇帝を廃位させたうえで自らが皇帝となり、漢に取って代わって「新《しん》」という王朝を建てた。

これにより、漢の皇統はいったん途切れたが、その15年後に王莽の新朝は反乱によって滅亡し、漢の皇室の血を引く地方豪族の劉《りゅう》秀《しゅう》（光武帝）が漢帝国を再興した。中国の歴史上では、王莽によ

王莽

って簒奪される以前の漢帝国は「前漢」と呼ばれ、劉秀が再興した漢帝国は「後漢」と呼ばれることになる。後漢は約200年存続して220年に滅びた。

　王莽が王朝簒奪に成功した背景には、前漢時代の名物である「外戚」の台頭と専権がある。

　一人の皇帝が即位すると、その皇后となる女性の親・兄弟などが抜擢されて中央政治に関与してくる。彼らは「外戚」と呼ばれて、皇后を中心に一大政治勢力を形成していく。

　皇后の産んだ男子が皇太子ともなれば、外戚たちの地位と権力はさらに強化される。もしも現役の皇帝が若死にして幼い皇太子が即位するようなことがあれば、皇后は皇太后となって新しい皇帝の後見役となるため、その一族の外戚たちはそれこそ、朝廷を壟断《ろうだん》して政治的大権をほしいままに振るうのである。

　王莽の家筋である王家は、まさに権力を独占した外戚一族の典型である。漢の9代皇帝である宣帝《せんてい》の治世、中央官僚の王禁《おうきん》の娘・政《せい》君《くん》は、入内《じゅだい》して皇太子のお召しにあずかって身ごもった。政君の産

光武帝

んだ男の子は、そのまま漢帝国の嫡皇孫となった。

宣帝が崩御したのちに、政君の夫である皇太子が即位して元帝《げんてい》となり、政君も皇后の地位に昇った。しかし元帝は即位から15年、43歳で亡くなった。皇位を継いだのは政君の子で、成帝《せいてい》と称される漢帝国の第11代皇帝である。成帝の即位にともない、政君は皇太后となり「孝元皇《こうげん》太后」と称されることになる。この時点から、外戚である王氏一族による政権の独占と繁栄が始まった。

孝元皇太后の弟である王鳳《おうほう》は、大司馬大将軍領尚書事（総理大臣兼国防大臣）という顕職につき、帝国の軍権と行政権を独り占めにした。それ以外の兄弟たちもことごとく「侯」に封ぜられ、領地を与えられた。王氏一族はそれで、皇族に次ぐ最高ランクの貴族として権勢を振るって、栄華を極めることになった。

「看病パフォーマンス」から踏み出した出世

王莽は王氏一族に生まれ、孝元皇太后の甥にあたる。しかし彼の父である王曼《おうまん》が若死にしたため、孝元皇太后の兄弟が列侯に封ぜられても、王莽だけはそのリストから漏れていた。その結果、王莽は十代の前半から孤児として母や姉妹兄弟を支えながら不遇の日々を送っていた。

その時代の王莽の暮らしぶりや生活態度に関しては、『漢書』の「王莽伝」がこう記している。「莽は孤児であり貧乏でもあって、心ならずも意を屈し恭倹《きょうけん》に身を持した」（以下、『漢書』の邦訳については、小竹武夫訳『漢書　下巻・列伝』筑摩書房、昭和五十四年版による）。

貧乏な家に生まれた孤児として、栄華を極めた王一族のなかで生きていくためには、自分の意思を屈して「心ならず」も「恭倹」（人に対してうやうやしく、自分は慎み深く振る舞う）に努めなければならなかった、ということである。

このような若き王莽の屈折した生き方に、後日の「大偽善者・詐欺師」の原点があるような気がする。

『漢書・王莽伝』によれば、王莽は沛郡《はいぐん》の陳参《ちんさん》という人物に師事して『礼経』を学んだという。その時代、儒教の経典に通じることは任官の前提条件であるから、王莽も勉学を通じて官僚になることを目指していたのだろう。家が封侯に漏れて貴族になりそこなった王莽にとって、官僚になることが唯一の出世の道だったのである。

しかし、王氏一族の子弟にしては、王莽の任官はたいへん遅かった。24歳になったとき、彼はやっと官吏になるチャンスに恵まれた。しかもそれは、己の実績や実力によって勝ち取ったチャンスではなかった。

『漢書・王莽伝』の記述によると、成帝陽朔3年（紀元前22年）、王莽の伯父で、王氏一族のなかで最高の官位についた大司馬大将軍王鳳が病気で倒れた。そのとき、「王莽はその病床に侍し、みずから嘗《な》め試して薬をすすめ、蓬頭垢面《ほうとうこうめん》のまま、幾月も衣帯を解くことなく看病した」という。

その結果、「王鳳は臨終にあたって王莽のことを皇太后と成帝とに託し、こうして莽は黄門《こうもん》郎《ろう》に任命され、さらに射声校尉に遷任された」と『漢書・王莽伝』が記している。

要するに、時の最高権力者への「献身的な看病」が、王莽の出世するきっかけとなったわけである。

しかし、前記の『漢書』の「心ならず」という表現をふまえて読むと、このときの「献身的な看病」という行為自体が、いかにも動機不純な怪しいものではないのかと思えてならない。位人臣《くらいじんしん》を極めた王鳳の身辺には、妻や愛人、侍女、奴婢《ぬひ》や専属医師など多くの人々が侍していたはずだ。子供や孫の数も決して少なくはないだろう。

王鳳の看病をするような人はいくらでもいるはずなのに、分家の甥である大の男の王莽にわざわざ館に来てもらわなければならない必要性はいったいどこにあるのか。そこがまず疑わしい。

王莽がどのような経緯で王鳳を看病するようになったのかは、『漢書』には記載されていない。だが、王鳳本人や家の人がわざわざ王莽を呼び寄せたというよりも、むしろ王莽のほうが自ら進んで「看病団」の一員となった、と考えたほうが理にかなうだろう。

しかも王莽の看病ぶりは、いかにもわざとらしい。彼は「蓬頭垢面（乱れた髪と垢まみれの顔）のまま、幾月も衣帯を解くことなく看病した」と記されているが、いくら誠心誠意の看病とはいえ、妻や愛人、侍女、奴婢が雲集する大権力者の館のなかで、王莽一人が「蓬頭垢面」までして看病する姿は異様である。ただの看病であれば、そこまでやる必要性はないし、汚い格好で看病しても、病人のためになることは何もない。

王莽の看病は、病人のことを思いやるというよりも、自らの「献身ぶり」を見せつけるためのパフォーマンスである側面が大きかったのだろう。その効果は絶大で、当時最大の権力者である王鳳は自らの死に際し、皇太后と皇帝の両方に、王莽という取るに足らない一若僧のことを託すまでになった。

「謙虚」を装いながら陰謀を進める

王莽の初任官の黄門郎というのは、宮中の禁門の守護などにあたる郎官で、それほど地位の高い官職ではない。しかしその後、王莽は異例といえるほどのスピード出世を果たす。黄門郎に任官後しばらくして、彼は現代でいう「青年将校」にあたる射声校尉に遷任された。それからほどなくして、彼の叔父である成都侯王商および多くの名士・高官などの推薦を受け、王莽はとうとう新都侯に封ぜられたうえで、「騎都尉光禄大夫侍中《きといだいぶじちゅう》」という皇帝の側近に侍する重要ポストに任命されたのである。

そのときから、王莽一流のパフォーマンスはますます堂に入り、名声と昇進を獲得するための政界工作も盛んとなった。そのときの様子に関し、『漢書・王莽伝』は以下のように記している。

「その爵位はますます高く、その節操はいよいよ謙虚であった。車馬・衣裘《いきん》を惜しみなく賓客に施し、家には何も余さなかった。名士を収め助け、将軍・宰相・卿大夫らと交わり結ぶことがはなはだ多かった。それゆえに位にある者がこもごも彼を推薦し、遊説する者が彼のために談論し、そのため王莽の虚名は高くあまねく、伯叔父たちをしのぐほどであった。王莽はあえてことさら奇異な行いをし、これに処して恥じなかった」

つまり『漢書』の著者（班固《はんこ》）から見れば、王莽の「謙虚」も「惜しまない施し」も、しょせん「奇異な行い」の類いのものであるが、これによって王莽の「虚名」（実力以上の名声）がますます高まり、「位にある者」は皆、彼を推薦するようになった。もちろんそれこそ、王莽の思惑どおりの展開である。

こうしたなかで、王莽はやがて大出世のための決定的なチャンスをつかんだ。そのことを

『漢書・王莽伝』はこう記している。

「当時、皇太后の姉の子淳于長《じゅんうちょう》が才能を認められて九卿となり、王莽の上位にいた。莽はひそかに淳于長の罪過を探し求めてこれをつきとめると、大司馬の曲陽侯王根《おうこん》を通じて言上した。そのため長は罪に伏して誅殺され、莽は忠義正直の信を得た。……よって王根は骸骨を乞い、自分に代わるべき者として莽を推薦したため、主上はついに莽を抜して大司馬に任じた」

王莽はライバルの淳于長を潰し、大司馬である王根に取り入ってその後継者となった。表向き「謙虚」なふりをして「虚名」を博していながら、裏では用意周到な陰謀を密かに進めていたわけだ。そして例の「献身的な看病」から14年目、38歳となった王莽は大司馬（国防大臣）の座に昇り、皇帝を補佐する立場で最高権力の中枢に入った。

そのときから、王莽のパフォーマンスはさらに本格的なものとなった。『漢書・王莽伝』はこう記している。

「王莽はすでに同輩を抜きん出、伯叔父たちの後を継いで政を輔佐し、前人をしのぐ名誉を挙げようと望んで、不屈の努力をかさね、賢良の諸士を招聘《しょうへい》して領地の収入を賞賜《しょうし》としてことごとく振る舞い、しかも自分はいよいよ倹約した」

もちろん王莽のこの振る舞いは、自らの名声を高めて人心を得ることで、さらなる政治的上昇を目指すためのものだろう。

ところが、王莽が大司馬になって1年あまり、成帝が崩御し、第12代皇帝の哀帝《あいてい》が即位した。

これによって、王莽の目論見は大きく狂う。

哀帝は皇族の一員の生まれであるが、先代の成帝の子ではない。しかも、哀帝の祖母は傅氏という家の出身で生母は丁氏であるから、両方とも王氏一族の出自ではない。

即位した哀帝の皇后となったのも、祖母傅氏の一族出自の娘である。その結果、傅氏一族が外戚の中軸となってしまい、王氏一族は排斥の対象となったのである。

こうしたなかで、王莽は中央官界から追い出され、自らの領地である南陽郡新野《しんや》県に戻って謹慎の生活を送ることになった。

偽善家の政敵排除方法

しかし王莽にとって運の良いことに、新野で謹慎してわずか1年後、哀帝が突如崩御した。帝には後継者としての子がなく、祖母の傅氏も生母の丁氏もすでに亡くなっていたため、宮廷は大混乱に陥った。

そのとき、王氏一族出自の孝元皇太后（政君）が、一族の復権のために素早く動いた。哀帝の亡きあと、先代皇帝の生母で先々代皇帝の皇太后である彼女の権勢を押さえつける者は、宮中にはもはやいない。孝元皇太后は亡くなった哀帝の帯びた皇帝の璽綬《じじゅ》を手に入れたうえで朝廷を押さえ、哀帝の側近である大司馬の董賢《とうけん》の実権を剝奪した。そして、董賢に取って代わって政権を握るべき人物として、王氏一族の王莽を領地から都に呼び戻したのだ。

孝元皇太后は帰ってきた王莽に哀帝の葬儀を任せると同時に、軍隊発動のための諸符節、宮廷を守る禁衛の指揮権、百官に対する統制のすべてを王莽に託した。

復権した王氏一族の大黒柱となった王莽は、漢帝国の全権を一人で握ることになった。王莽はさらに孝元皇太后と謀議して、元帝の庶孫でまだ9歳の中山王劉衎《りゅうかん》を新しい皇帝（平帝《へいてい》）に選んだ。もちろんそれは、幼帝のほうが王氏一族にとって操りやすいからだ。そして孝元皇太后は摂政として朝廷に立ち、政務のすべてを王莽に委ねた。

このようにして、孝元皇太后と王莽のコンビによる政権の支配が始まった。王莽が大権を握ってからまず断行したのは、自らのライバルや敵対勢力に対する凄まじい大粛清である。

彼はまず、前任の大司馬である董賢を弾劾して自殺に追い込み、董氏の財産を国庫に没収して、その一族全員を僻地へと追放した。董賢の遺体の埋葬すら許さなかった。

董賢のかつての部下で大司馬府の属吏である朱詡《しゅく》は、董賢やその家族に対する迫害に憤慨して官職を辞し、棺と衣服を買いととのえ、董賢の遺体を収容して葬ろうとした。しかしこれを聞いた王莽は激怒し、朱詡に何らかの罪を被せ、殴り殺した。

さらに、哀帝の代の有力者など、王莽の政敵だった人物や、王莽自身が嫌う人々が次々と粛清されていった。そのやり方は、自らの腹心に命じて粛清したい人の罪状を構成し、さらに別の腹心にそれを上奏させて、最後には孝元皇太后に処断してもらう、というものだった。

要するに自分は一切顔を出さず、周りの人々をうまく使って政敵を粛清していくという、いかにも偽善家らしいやり方である。

もちろん、いずれ王氏一族の敵になりそうな外戚勢力も徹底的に排除した。その結果、成帝の皇后で、哀帝のときに皇太后となった趙氏や、哀帝の祖母である傅氏は皇室から追い出されて庶民の身分に降ろされたのちに自殺を余儀なくされた。

哀帝の生母である丁氏一族の人々も全員が免官奪爵されて遠方に流され、丁氏一族の大黒柱で大司馬を務めた丁明《ていめい》も殺された。

哀帝の祖母の太皇太后傅氏や母の皇太后丁氏についてはその死後、王莽はこの二人の尊号を剝奪し、二人の墓まで暴いて遺体につけられた璽綬を奪った。

王莽はとくに、新皇帝・平帝の母親方の親族を警戒していた。そのため平帝の母である中山国の衛姫《えいき》とその親族を首都・長安に一切入れず、平帝と母との対面すら許さなかった。そのために衛姫は、わが子のことを思って日夜泣いて嘆いたと、『漢書・外戚伝』では記している。

しかし、王莽の長男で世継ぎの王宇《おうう》は、衛姫に対する王莽の仕打ちを見かね、いずれ平帝が成人した際の禍根となることを恐れて、自分の経学の師である呉章《ごしょう》やその親戚の呂寛《りょかん》らと共謀し、王莽の暴走を止めようと工作したが、それが結局、王莽にバレてしまった。

呉章と呂寛は捕まって処刑されたが、王莽は自分の息子である王宇に対しても容赦しなかった。牢獄に送られた王宇に、王莽は毒薬を飲ませて殺したのである。

しかも、この事件を利用して、平帝の祖母の実家である馮氏や王莽の叔父である王立など、常日頃から自分に批判的で目障りな者100人以上を何らかの罪で追い込んで、粛清している。

王莽の息子殺しはこれが最初ではない。前述のとおり、彼は一時的に下野して封地に謹慎した時期があったが、そのとき次男の王獲が、家の奴隷を殺したことを王莽に咎められ、自殺を強要された。王莽からすれば、己の公平無私さを証明するための行動だということになるが、つねに野心のために世評を気にしてきた王莽の歪んだ性格が、二人の実子を殺したことにも表れているだろう。

徹底的に君子を装う

王莽が特異なのは、政敵に対する残忍極まりのない粛清を平気でやり通しながら、自分自身はいつでも「善人」や「君子」のふりをするところだ。そこに王莽の手法の最大の特徴がある。

そしてそれは、前漢中期から確立されてきた「儒教政治」の理念と大いに関係している。

王莽の時代から約100年前、漢王朝における最強の皇帝・武帝の時代、儒教は王朝の公式な政治イデオロギーとして導入され、いわば「国教」としての地位を得た。それ以来、少なくとも表向きの政治の世界では、儒教の理念こそ政治と為政者たちが則《のっと》るべき規範として確立されたわけである。

儒教的政治理念とは、簡単にいえば、次のようなものである。「天命」を受けて「天子＝皇帝」となった君主の支配下で、「仁義礼智信」の五徳を身につけた「君子」として選ばれた官僚たちが、補佐役として政治を「公明正大」に行うことによって「天下の安泰」を図り、万民が「安生楽業《あんせいらくぎょう》」する社会を実現する、ということである。

その際、君主はつねに天命を具現して万民を憐れむ「聖君」であること、政治はつねに万民のための「仁政」であること、官僚として選ばれた臣下はつねに「仁義礼智信」の五徳を身につけた「君子」であることの、「聖君・仁政・君子」の三点セットが、儒教的政治理念が成り立つための3本の柱となっているのである。

そのなかで、とくに官僚は完璧な「君子」であることが理想像として求められ、周りの人や朝廷から「君子」だと評価されるかどうかが、本人の昇進を左右する大きな要素となった。

とはいえ、官僚もしょせん生身《なまみ》の人間であるから、「仁義礼智信」の五徳すべてを備えた人物になるのは簡単なことではなく、努力だけですぐ「君子」になれるわけでもない。だが、実際に「君子」ではなくても、昇進、出世はしたい。

となると、選択肢としては、自分がいかにも儒教の理想や徳目を体得して実践している「君子」であるかのように装うことしかない。

いわば「君子偽装工作」というべきものであるが、中国史上の名物である「エセ君子」は、まさにこのあたりの事情から生まれてくるのである。

たとえば前漢王朝の時代から、親に対する「孝」は儒教の最大の徳目の一つとされ、親に対して「孝行」を尽くすことこそが「君子」たることの条件とされていた。そして官僚を選抜する制度として「挙孝廉」というものがあった。これは清廉潔白で親孝行の好青年を選抜して官僚に推挙するという制度である。

そこで、極端なかたちで自らの「親孝行」をアピールする人たちが出てくる。親の墓の前に茅葺《かやぶ》き住居を建てて十数年も住む人もいれば、親の病気を治すために自分の肉を抉《えぐ》って薬の一味にする人も

漢の武帝

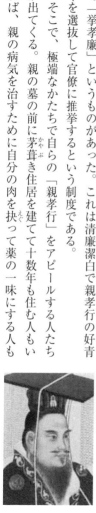

いる。

しかも、より徹底的に「君子」ぶることのできる人間こそが、誰よりも早く出世のチャンスをつかめるのだから、人々が人智の限りを尽くして「君子ぶり」を競い合うことが、一種の社会的風潮とさえなっていった。

そして王莽こそが、まさにこの時代の申し子として生まれた、いわば「エセ君子」の代表格たる人物なのである。これまで述べてきたような、王鳳への「献身的な看病」も、「謙虚」で「惜しまない施し」も、あるいは奴隷を殺した次男を自殺に追い込んだのも、「君子ぶり」を徹底的にアピールするためだった。

哀帝の死後、大粛清をもって政敵を一掃し、漢帝国の全権を握ったあと、王莽の「君子偽装工作」はますます盛んになってくる。

そのときの王莽の行状について、当時の大司徒司直である高級官僚の陳崇《ちんすう》という人は、王莽を讃《たた》えるためにつくった上奏文のなかでこう述べている。

「公（王莽を指す）は辞令を受けて以来、いまに至るまで亹々《びび》翼々《よくよく》と勤勉に敬《つつし》みつつ、その職に務め、日々その徳を新たにし、平素の行いをよりいっそう増し修め、質素にしたがい倹約につとめ世俗を矯正し、私財を割き家産を傾けてもって群臣を率い、わが躬《み》をおさえ公平を保持して公卿に推し及ぼし、子に教え学問を尊んで国の風化を高めました。公はその僮奴《どうど》に布を着せ、その馬の飼料に穀物を用いず、公の飲食の材料も人並み以上ではありません。……孔子が『食うに飽食を求めず、住むに安楽を求めない』といっているのも、まさしく公のことを謂《い》うのです」

この上奏文はもともと王莽を喜ばせるためのものだから、王莽への賛美に満ちているのは当然だろうが、一応は漢の朝廷への上奏文でもあるため、記されている行状は、少なくともかたちのうえでは「事実」だと考えられる。また、この記述からは、王莽が儒教の理想とする「君子」のイメージを演じるのにいかに腐心していたかがよくわかる。

家の僕《しもべ》に布の衣服を着せ、馬には穀物の飼料をやらず、自分のための食材は人並み以上のものを使わないという「倹約ぶり」は、儒教が理想とする「清廉の士」を思わせる。

しかし、王莽はもともと清廉の君子でも何でもない。その証拠に、のちに自らが皇帝となったあと、彼が住んだ宮殿の豪華ぶりや生活の贅沢ぶりは、漢の皇帝のそれに決して引けをとらないものだった。

『漢書・王莽伝』によれば、王莽の晩年、彼のつくった新王朝がすでに崩壊寸前の時期にさしかかったときでも、皇帝・王莽の宮殿には黄金1万斤《きん》を入れた櫃《ひつ》が60櫃もつねに置かれていたという。そして老いた王莽皇帝は毎日、王朝崩壊の恐怖に怯《おび》えながら、最高級の食材であるはずの好物の鮑《あわび》をご飯代わりに食べながら酒に浸っている。

皇帝となったあとの王莽の行いには、「清廉君子」としてのイメージはまったくない。権力の頂点に上りつめるまでの長い期間中には、王莽は自らの本性を完全に覆い隠しながら、徹底した偽装工作を通じて「君子」としての名声を天下に轟かせた。希代のエセ君子である王莽の真骨頂はまさにここにあるのである。

固辞しながら欲しいものを手に入れる

王莽が漢王朝を乗っ取って自ら皇帝となり、新たな王朝を建てた手法も、自分こそが儒教の讃える「聖君」であることを徹底的にアピールするものだった。いってみれば、中国史上前代未聞の皇位簒奪劇もまた、王莽一流の徹底した「偽善工作」によって成し遂げられたのである。

王莽が擁立した平帝の元始元年（紀元後1年）の正月、益州という地方から瑞鳥（めでたいことが起こる前兆とされる鳥）の「白雉《はくち》」が都に献上された。これは朝野《ちょうや》を騒がすほどの大事件だった。儒教政治のつくりあげた多くの神話のなかでは、「白雉」というのは特別な意味をもつ存在で、天意にかなった政治が行われた場合に天が地上に下す瑞兆だとされているからだ。

王莽が幼い皇帝を輔佐して政治を行っているいま、白雉が地方で発見されて献上されたということは、要するに天が王莽の政治を認めたことの印だろう、との声がたちまち朝廷に広がって「衆議の一致するところ」となった。

まもなくして、大司馬王莽の功績は周の成王を輔佐した周公に比すべきであり、王莽に対して、漢の宗廟を安んじたという意味の「安漢公《あんかんこう》」の称号を与えるべきだと、朝廷の群臣たちはこぞって上奏した。

もちろん、それらはすべて、王莽自身が仕掛けた政治工作にすぎなかった。白雉が益州で見つかって献上されてきたのは偶然のことではない。王莽自身が益州の地方官僚に暗示を与えてやらせた結果である。

『漢書・王莽伝』も、それが王莽の工作であることをはっきりと記しているから、「やらせ」だったことはまず間違いない。自らの皇位簒奪のために、王莽は儒教政治の神話を徹底的に利用しようとしたのである。

朝廷の群臣らによる上奏も、王莽とその腹心たちによる政治動員の結果であることは明らかだ。白雉の献上から「『安漢公』授与上奏運動」まで、すべて王莽自身が裏で糸を引いていたわけである。

そして、摂政の孝元皇太后は、詔書を発して彼に「安漢公」の称号を与えると宣した。ここで王莽はもう一度、演出を施した。自ら裏で動いていたにもかかわらず、本人はそれを「固辞」する態度を見せたのだ。

彼は「自分には徳がないからこのような称号はいただけない。功績を表彰するなら自分の部下たちを表彰してください」との上奏文を皇后に奉って、称号授与の辞退を表明した。

孝元皇太后は翻意させるために彼を招したが、王莽は病気になったと称して応じない。そこで皇太后はやむをえず、王莽の推薦する側近たちを列侯に封じたり官職を上げたりして表彰したのち、ふたたび王莽に詔を下して「安漢公」の称号を受け入れるように諭した。こうした一連のプロセスを経て、王莽はようやく「安漢公」称号の授与を受け入れたのである。

もちろん、これらはすべて王莽の思うままの展開である。王莽は「君子」ぶるための「辞退パフォーマンス」を重ね、「謙遜なる高潔の士」としての名声を高めていっただけでなく、自分の側近たちもついでに封侯されたりするような実利も手に入れたうえで、最後に「安漢公」の称号を手に入れた。まさに一石三鳥の偽善工作だ。

「安漢公」の称号を受領したときの王莽の態度について、『漢書・王莽伝』は、「かくて王莽は恐懼に堪えず、もはややむを得ないというふりをして詔書を受けた」と記している。

とにかく王莽という人間は、欲しいものは何でも手に入れるという貪欲さで裏工作を展開しつつ、表向きはあくまでも無欲な謙遜の士を装うのである。

『漢書・王莽伝』は、王莽流の政治工作の手口を次のように評している。

「王莽はうわべには凜然たる顔色を示して方直の言を吐いていたが、心に期するところがあれば、風采をもって微《かす》かに諷示《ふうじ》し、一味の者はその意向を汲んで表向きにそれを奏上するのであった。王莽は頭を地につけて敬礼してすすり泣き、固く人を推したりみずから譲ったりした。こうして上は皇太后を惑わし、下は多くの人々に信義を示した」

つまり、王莽自身はいつでも公平正直の言葉を吐くが、己の野望については、いつも部下たちに暗示をかけ、部下はその意向を汲んで動く。そしていざ願いが叶いそうになると、必ず神妙な顔でそれを辞退してみせる。そのとき、彼はいつも「頭を地につけて敬礼してすすり泣く」と『漢書・王莽伝』は記しているのだ。

まさに、王莽というこの時代一流の詐欺師の迫真の演技であり、本領であろう。

「聖人」を演出する王莽の異常性

「安漢公」の称号を手に入れてから、王莽は着々と皇位簒奪の準備を進めていく。その工作の一環として、彼はまず、自分の娘を平帝に嫁がせようと画策する。そのときも、いつものやり方として、王莽は決して自分から、娘を皇后にしたいとはいわない。彼はただ、天下安泰のために早速、皇后を冊封《さくほう》しなければならないという堂々たる正論を吐く。そうすると、その心の内をわかりきった官僚たちはいっせいに上書してきて、口を揃えて「安漢公のご令嬢こそ皇后になるのにもっともふさわしい女性」と言う。ときには1日1000人以上の庶民や官僚が、宮殿の正門に来て請願するのである。

孝元皇太后は早速「安漢公息女、皇后にすべし」との詔書を発したが、案の定、王莽はまたもや平身低頭して数回にわたって辞退する。しかし最後にはもちろん、皇太后からの「厳命」に従うかたちですすり泣きながらそれを受諾するのである。王莽の娘はめでたく平帝の皇后となり、「君子」である王莽の目的が完全に達成された。

その後も、王莽は同じような手口を使って、自らの立場を皇帝の座に近づけるためにさまざまな工作を画策する。元始4年（紀元後4年）、大司徒司直の陳崇が上奏して王莽の功徳を讃え、儒教でもっとも敬慕される周公と同一の名誉を与えるべきだと請願すると、太保《たいほ》の王舜《おうしゅん》は、王莽の功績はすでに周公を超えているから、もう一人の聖人である伊尹《いいん》と周公の両方を合わせた名誉が相応しいと主張する。そして公卿・官僚8000人が上書してきて、王舜の論に賛同した。その結果、孝元皇太后から詔を発されるかたちで、伊尹（阿衡《あこう》）と周公（太宰《たいさい》）の称号を合わせた「宰衡《さいこう》」という称号が王莽に贈られた。もちろん、王莽はいつものように数回固辞したのちにそれを受け入れた。

じつは王莽にとって、「宰衡」という称号の授与は大きな意味がある。伊尹は殷《いん》王朝の王様を輔佐した大臣で、周公は周王朝の成王を助けた名宰相だったが、儒教の政治神話のなかでは、二人とも君主になってもおかしくない「聖人」にされている。つまりこの二人は、君主と人臣のあいだにある特別な存在なのである。

二人の称号を合わせた「宰衡」となったことで、王莽は一般の人臣の枠を超えて、皇帝の座に一歩近づくことができるのである。

儒教の世界では「名分」が何よりも大事であるが、王莽はそれを逆手にとって利用した。つまり彼は、名分上の「聖人」になることによって「聖君」への道を開いたわけである。

もちろんこのプロセスのなかで、王莽が政敵の粛清を緩めたことはない。彼にとっての潜在的脅威は、いまもって現役皇帝である平帝の母方の衛氏一族だから、王莽はさまざまな手を使って、衛氏一族の本家・分家をほぼ全滅させた。

皇帝の生母である衛姫にはさすがの王莽も手を出せないが、前述のとおり、衛姫を都に一歩も入れずに平帝親子を徹底的に隔離したのは王莽の一貫したやり方だ。

易姓革命を正当化する理論

「宰衡」ともなると、皇位にはあと数歩の距離であるが、そのとき王莽の最大の障害となっていたのは、彼自身が皇帝に選んだ平帝である。すでに10代の少年となった平帝が成人して親政を始めると、王莽の最大の後ろ盾である孝元皇太后は摂政の座から降りなければならない。王莽にとって、この問題はいつ爆発するかわからない時限爆弾のようなものである。

しかし元始5年（紀元後5年）、13歳になった平帝は突如、病に倒れて死去した。王莽にとって、あまりにも都合のよい出来事である。それゆえ、王莽による毒殺とする説が古来あったが、真偽のほどは不明である。『漢書』は「毒殺」には触れていないが、後世に書かれた史書の『資治通鑑』が「王莽が毒殺した」と明記している。事実関係は別として、平帝の急死は王莽の皇位簒奪にとって好都合だった。

平帝を継ぐ後継者として王莽が選んだのは、宣帝の玄孫23人のなかでもっとも幼い、わずか2歳の劉嬰《りゅうえい》である。幼帝を選んだ理由はいうまでもないが、王莽はさらに、「幼少」という理由で劉嬰をすぐに皇帝として即位させないことにした。その結果、劉嬰の身分はたんなる皇太子に留まり、漢王朝における皇位が一時的に空いたままの異常事態となったのである。

もちろん、このような異常事態こそが、むしろ王莽の意図するところである。王莽の心中を忖度した公卿や群臣たちは、さっそく行動を開始した。彼らはいっせいに朝廷に上奏して「国には皇帝がいないといけない」という理由で、王莽に「摂皇帝《せつこうてい》」（摂政として皇帝の業務を代行する）の立場を与えるよう請願したのである。

孝元皇太后はこの上奏を認め、王莽はめでたく、中国史上前代未聞の「摂皇帝」となったわけである。

そのとき、元宰相の翟方進《てきほうしん》の息子である翟義《てきぎ》が、王莽の皇位簒奪を阻止すべく地方で挙兵した。しかし、この反乱は王莽の派遣した討伐軍によってあっという間《ま》に鎮圧され、翟義は無惨に殺された。その後の王莽の報復は凄まじかった。彼は翟義の邸宅を水たまりにしたうえで、地方にある翟方進やその祖先の墓を暴き、一族につながりのある者をことごとく誅殺した。

祖先の墓まで暴く報復に、儒教の「聖人」の面影はまったくない。

最後の抵抗がねじ伏せられると、王莽による皇位簒奪の準備はほとんど整えられた。そのとき、王莽が必要としていたのはたんなるきっかけ、あるいは口実である。

このきっかけをつくってくれる人が、まもなく出てきた。

平帝の死後3年目の紀元後8年、広漢郡（いまの四川省）出身の哀章《あいしょう》という人物が、銅製の櫃をつくってそれに「赤帝行璽邦伝予黄帝金策書」と書いた札をつけた。

文中の「邦」は漢王朝の創始者である劉邦のことを指しているが、全文の意味は「天帝が劉邦を通じて伝えたところの命令書」ということである。

哀章はさらに櫃のなかに「王莽よ、真天子となれ、皇太后は命のごとくせよ」と書かれた「簡」（竹の札）を入れた。要するに、劉邦の霊が王莽に「皇帝になれ」という天帝の命令を伝える内容だったのだ。

そしてある日の夕方、哀章は櫃を担いで漢王朝の始祖である高祖（すなわち劉邦）の廟へ行き、廟の守護の責任者に渡した。

翌日、責任者は早速この一件と「金策書」の内容を朝廷に報告した。王莽がただちに公卿・群臣、そして儒者たちを集めて「金策書」の意味と対応について討議したところ、群臣たちは一致して、それこそが「摂皇帝」が本物の天子になるべしという天からの命令であり、天命が「摂皇帝」に下されたことの証拠であると主張し、速やかに天命を受け入れて皇帝になるようにと王莽に請願したのである。

今度は、王莽はもはや固辞するような馬鹿な真似はしない。その翌日、彼は早速、高祖廟に上がり、「金策書」の命令に従って皇位の禅譲《ぜんじょう》を受けると表明した。

このようにして、王莽は堂々と漢王朝を乗っ取り、自前の王朝を創始するに至ったのである。

もちろん「金策書」以降の一連の動きは、王莽と群臣たちが暗黙のうちに行った、いわば集団的自作自演であった。

ちなみに、「金策書」を作成した哀章という人は、王莽の新王朝では「国将」の官職を与えられ、政権の中枢部を支える重臣の一人となった。

現在の中国に受け継がれる「偽善根性」

さて、禅譲を受けて新皇帝になった王莽だが、問題は彼自身が選んで漢王朝の皇太子に据えた劉嬰の処置である。天下はすでに王莽のものとなったとはいえ、２００年以上も続いた漢王朝に対する人々の敬意や畏怖の念は、そう簡単に消えるわけはない。

漢の旧臣たちを安堵させるために、劉嬰への対応は慎重にしなくてはならない。

そこで王莽は、劉嬰を召して「定安公《ていあんこう》」に封じ、５つの県からなる「定安公国」を彼に与えることを宣した。そして、王莽は皇座から降りて劉嬰の手を握り、「むかし周公は摂政の位にあって、成王に政権を返還することができたが、このたび余は皇天の威命に迫られ、思うようにはできなかった」と言って、すすり泣いたという。

あらゆる謀略・悪事で皇位の簒奪を果たした張本人であるにもかかわらず、「自分は皇天の威命に迫られて、やむを得ず皇帝になった」とのあからさまな嘘を堂々とついて、得意の「すすり泣き」を演じてみせたのだ。王莽という希代のエセ君子にふさわしい歴史的一場面だといえるだろう。

王莽は儒教の天命思想を駆使し、さまざまな理由をつけて禅譲というかたちで皇位簒奪にこぎつけた初めてのケースとなった。以後、歴代の中華王朝において、この王莽の理論は「易姓革命」を正当化するためのモデルケースとなった。

漢王朝を乗っ取った王莽だが、天下はそう長くは続かなかった。皇位簒奪劇の15年後、農民一揆と地方豪族たちの反乱によって新王朝はあっけなく崩壊、最後は臣下にも裏切られ、王莽は反乱軍によって殺された。

そして王莽は、まさに中国史上最大の王朝簒位者として歴史に記録されることになった。王莽が皇位を簒奪し、新たな王朝を建設するための最大の武器、あるいはその謀略は、すなわち「偽善」であった。

要するに、悪事のすべてをやり遂げながら、表向きはあくまでも謙遜無欲の君子であることを徹底的に装うという詐術《さじゅつ》、あるいは君子であることを装うために涙はいくらでも流してみせるという「偽善根性」が、王莽の最大の強さだった。

そして中国史を眺めると、この「偽善根性」のエセ君子たちがあとを絶たないことがよくわかる。

現在の中国などは、その偽善の塊のようなものだ。たとえば、中国の憲法では「中国の公民は言論、出版、集会、結社、デモ行進、抗議の自由を有する」と定められているが、これを信じている中国人は誰もいない。

習近平国家主席は、「虎とハエを同時に攻撃することを堅持し、指導幹部の紀律違反や違法行為を断固として調査し処罰せねばならない」と語り、中国共産党に巣食う腐敗を徹底的に追及すると宣言。実際に多くの共産党幹部を摘発して人民の喝采を浴びたが、２０１６年４月に公開されたパナマ文書で習近平の親族による不正蓄財疑惑が明らかになると、中国国内でパナマ文書関連のニュースをすべてシャットアウトした。

②袁世凱――「裏切り人生」の男の末路

科挙に失敗して軍人に

中国の近代革命のリーダー的存在といえば、辛亥革命により清王朝を倒した孫文を思い起こす人が多いと思う。しかし、じっさいには、1911年10月に清に対する反乱である武昌蜂起が発生し、これに呼応するように各省で起こった独立を求める動きが辛亥革命に発展した際、孫文はアメリカにいて革命には参加していない。

革命が起こったことを知った孫文は、急いで中国に戻ることを決意、12月末に上海に帰着した。当時、革命政府をどこに置くか、リーダーを誰にするかでもめていたが、革命家として有名な孫文が到着したことで、革命派は熱狂し、1912年1月1日、孫文を臨時大総統とする中華民国が南京で成立した。

しかし、孫文が臨時大総統に就いていたのは、中華民国の樹立を宣言してから2カ月間だけだった。清王朝皇帝の退位が決まると、新しい共和国の初代大総統に公式に推挙されたのは、清王朝の軍人・袁世凱《えんせいがい》だった。じつは清王朝を倒すにあたって最大のキーマンとして活躍したのは、孫文よりもむしろ袁世凱だった。中国史上最初の共和国は、紛れもなく袁世凱を中心にしてつくりあげられたのである。

袁世凱が初代大総統となるまでの足跡をたどってみよう。

袁世凱は河南省項城県の出身で、生家は官僚や軍人を輩出した地元の名族であった。このような家に生まれた袁世凱も、若い頃から官僚としての立身出世を志し、科挙試験に二度挑戦したが、いずれも失敗。そのため21歳のとき科挙を諦め、軍人となる道を目指した。

親戚のコネで、袁世凱は山東省の海防を任された慶軍統領呉長慶《ごちょうけい》の部隊に、下級士官として入った。頭脳の明晰さと機敏さが認められて、まもなくして幕僚に抜擢される。

1882年、李氏朝鮮の朝廷内の権力闘争から、大規模な反乱事

袁世凱

件が起こったため（壬午事変《じんご》）、呉長慶の慶軍は朝鮮に派遣された。当時、朝鮮に浸透している日本勢との対抗のための派兵でもあった。

袁世凱も幕僚として従軍し、朝鮮に入った。それ以来十数年間、袁世凱は清帝国駐留軍の一員として朝鮮で活躍して頭角を現し、最後には駐朝鮮清軍の最高指揮官の地位に上りつめた。

とくに1884年、朝鮮の独立派によるクーデターをきっかけに、日本勢と全面対決した「甲申政変《こうしんせいへん》」では、袁世凱は持ち前の果敢さと機敏さで危機を乗り越え、清王朝の朝鮮における優位を保った。

袁世凱は少壮軍人のホープとなったが、1895年に清軍が日清戦争で大敗して朝鮮から完全に追い出されると、袁世凱は辛うじて海路から逃げて帰国した。

日清戦争で大敗を喫した清は、西洋式の軍制による「新式陸軍」を創設することを決めた。そして、練兵大臣として新式陸軍を訓練し統率する任務が袁世凱に与えられたのである。それ以来、袁世凱は新式陸軍の軍づくりに全力をつくした。近代兵器と戦術をともなった兵の訓練や厳しい規律の実施などに力を入れ、それまでの中国にはない斬新な近代軍隊を一からつくりあげた。そういう意味では、袁世凱こそが中国の近代陸軍の父であるともいえる。

それと同時に、袁世凱は新式陸軍における自分自身の権力基盤づくりにも余念がなかった。彼は士官クラスを全部自分の子飼いで固めて、自分に対する絶対服従と崇拝の習慣を士官や兵士たちに徹底的に植えつけた。結果的には、新式陸軍は清王朝の軍隊というよりも、実質上、袁世凱の「私兵部隊」となった。

この私兵部隊としての新式陸軍こそ、袁世凱がつくりあげた人生最大の財産であり、歴史における彼の活躍を支える最大の基盤となった。袁世凱の死後も、彼の子飼いの軍幹部たちはことごとく独立して新しい軍閥となり、中国近代史における軍閥割拠の時代を開いた。

裏切りでつかんだ大出世のチャンス

袁世凱が練兵大臣として新式陸軍の訓練にあたっていた１８９８年、清で「戊戌変法《ぼじゅつへんぽう》」と呼ばれる政変が起こった。

清王朝は、西太后《せいたいこう》が長きにわたって政治の実権を握っていたが、西太后の甥で清王朝第11代皇帝の光緒帝《こうしょてい》が１８８９年に18歳となり結婚を機に親政を開始、政治の第一線に立った。いわば西太后と皇帝との二頭体制の出現である。

しかし、当時、清は西欧列強だけでなく新興国の日本にも日清戦争で敗れ、国運は大きく傾いた。27歳となった若き皇帝は、康有為《こうゆうい》や梁啓超《りょうけいちょう》など改革派知識人からの影響を受け、日本の明治維新にならって救国のための「変法」を断行することを決心した。

光緒帝は1898年6月から、譚嗣同《たんしどう》や林旭《りんきょく》などの若手官僚を起用し、西太后の意向も存在も無視して、皇帝の詔書のかたちで一連の改革策を打ち出した。変法という名の政治体制改革を急速に進めようとしたのである。1898年は中国暦では戊戌の年であるから、この変法は「戊戌変法」と呼ばれる。

改革策のなかに、科挙制度の廃止やそれにともなう旧士大夫層の特権の廃止なども含まれていたので、変法は当然、いわば保守勢力からの激しい抵抗にあった。また、変法は、西太后の権力が皇帝に移っていくことを意味しているから、西太后は快く思わない。それを知った朝廷内の守旧派たちは、西太后のもとに結集して変法を潰そうとしたのである。

西太后は腹心であり、大学士・直隷総督として軍権を握っている満洲人貴族の栄禄を呼んで密談し、同年10月に光緒帝の行幸を願ったうえで、北京から離れた天津で閲兵式典を行うことを決めた。天津は直隷総督である栄禄の本拠地であり、西太后らはこの閲兵式の席上、軍の力をバックにして光緒帝に退位を迫る魂胆だった。

西太后

光緒帝

この陰謀を察知した光緒帝は、康有為たちと対抗策を練った。康有為は光緒帝に対して、「天津の近くでは、袁世凱が7000人の新式陸軍を率いて訓練を実施しています。彼を仲間に取り込んで、西太后や栄禄に対抗しましょう」と献策した。新式陸軍の責任者である袁世凱は、西洋の技術や新制度の導入に積極的であったため、改革派と見なされていた。また、康有為の政治団体に一時的に所属していたこともあり、個人的交遊もあった。そのため、取り込みやすいと思ったのだろう。

光緒帝はさっそく袁世凱を北京の紫禁城に呼び寄せ、自らの新政への考えを尋ねた。袁世凱が新政のすばらしさをたたえ、光緒帝への忠誠を誓ったことはいうまでもない。そこで、光緒帝は袁世凱に兵部侍郎《へいぶじろう》（国防省副大臣）の官職を与え、今後は皇帝である自分の命令に従うように命じた。感激する袁世凱の姿を見て光緒帝は安心したが、袁世凱のほうが一枚も二枚も上だった。

じつは袁世凱は、栄禄などの守旧派とも緊密につながっていた。彼は腹心を守旧派のところに送って、王宮の内情を探らせた。そし

康有為

梁啓超

譚嗣同

林旭

て、情勢分析を行った結果、軍権をはじめ実権を握っている西太后ら守旧派の優位は揺るがず、光緒帝の変法が失敗に終わる可能性が高いという判断を下した。

袁世凱にとって、変法の意義はどうでもよかった。彼の関心があったのは、どちらにつけば自分の立身出世にとって有利なのかということであった。

一方、光緒帝は自分の身辺に西太后の監視の目が光っていることに気がつき、危険が迫っていると感じた。そこで康有為たちに密詔を送り、決起を促した。9月18日、康有為、譚嗣同などの改革派リーダーたちが集まって密議した結果、袁世凱の新式陸軍の力を借りてクーデターを起こすことを決めた。彼らは袁世凱を完全に信じていたわけではないが、守旧派の手が伸びるなかで、この腹黒い軍人に自らの命運を託すしかなかった。

譚嗣同は、天津から上京していた袁世凱の宿を訪れ、自分たちがクーデターを起こす決意を告げたうえで、袁世凱に兵を率いて北京へ上り、光緒帝を守るために栄禄などの守旧派重臣を排除して西太

栄禄

后を軟禁するように頼んだ。

袁世凱は涙を流して光緒帝への忠誠を誓いながら、改革派のために自分も動くと約束した。だが、それは真っ赤な嘘だった。すでに袁世凱の腹は決まっていたのだ。

天津へ帰った袁世凱は、9月20日、直隷総督として天津に駐在していた栄禄に会い、譚嗣同から打ち明けられたクーデター計画をすべて密告した。

栄禄はただちに北京へ向かい、西太后にこの一件を報告した。西太后は翌日から変法派の大粛清を開始した。光緒帝は西太后の兵によって拘束・軟禁された。康有為と梁啓超は、異変を察して日本に亡命したが、譚嗣同以下、光緒帝の改革内閣の中心メンバー６人は一網打尽にされて処刑された。

これにより光緒帝一派は壊滅し、戊戌変法はわずか１００日で終焉を迎えたのである。

皇帝も清王朝も革命も裏切る

この政変劇のなかでいちばん得をしたのはいうまでもなく、裏切り者の袁世凱だった。彼は光緒帝を裏切って密告したことにより、西太后に認められて、政変の翌年の１８９９年に山東巡撫署理に任命され、山東省の軍・政のトップとなった。

１９００年に排外運動である義和団の乱が発生、西太后は義和団を支持して欧米列強に宣戦布告する。しかし、日本を含めた８カ国連合（日本、イギリス、アメリカ、ロシア、フランス、ドイツ、オーストリア＝ハンガリー、イタリア）は、各地で義和団と清軍を殲滅しながら、ついには北京を占領、清王朝は莫大な賠償金を支払わされることになる。

一方、新式陸軍を持つ袁世凱は、この戦いでは義和団を叩き、列強との戦いを避けた。そのため軍はほとんど無傷で残った。これにより、袁世凱の軍隊は清王朝随一の精鋭部隊となり、王宮内での袁世凱の発言力は非常に高まった。

また、旧世代の栄禄や李鴻章《りこうしょう》が相次いで死去したことにより、１９０１年、袁世凱はかつて栄禄が務めた直隷総督の地位に就き、清王朝の重臣のなかの重臣として、首都地域の防衛と行政を任された。それと同時に、彼は李鴻章が務めていた北洋大臣（外務大臣）の官職をも兼務し、清帝国の外交を一手に担うことになる。また、李鴻章が育てた私兵である淮軍《わいぐん》を引き継ぎ、それらは「北洋軍閥」

李鴻章

といわれるようになった。

1908年に西太后が死去すると、袁世凱に転機が訪れる。じつは西太后の死の1日前、監禁されていた光緒帝が突如の死を遂げていた。自然死とも毒殺されたともいわれ、西太后犯人説、袁世凱犯人説などもあるが、その真偽は不明である。

跡継ぎとして、西太后の選定により、光緒帝の弟である醇親王《じゅんしんのう》載灃《さいほう》の子、溥儀《ふぎ》が選ばれた。清王朝第12代皇帝の宣統帝である。宣統帝はこのとき2歳の幼児であったため、父の醇親王載灃が摂政王となって政権を任された。

これは袁世凱にとって危機的な状況だった。というのも、摂政王載灃は、兄の光緒帝が袁世凱の密告によって幽閉の身となったいきさつをよく知っているため、袁世凱に恨み骨髄だったからだ。

載灃は政権を掌握してから、袁世凱の失脚に動いた。処刑まで考えていたが、袁世凱の賄賂によって買収されていたほかの重臣たちはいっせいに反対した。「袁世凱を殺すと、新式陸軍が造反するかもしない」という重臣たちの脅しに、権力基盤のまだ弱い載灃は折

3歳のときの溥儀

載灃

れて、袁世凱を政界から追放する案で双方が妥協した。

こうして1909年1月、失脚した袁世凱は失意のうちに故郷の河南省に戻り、しばらくの隠居生活に入った。

そして、1911年10月10日、湖北省の武昌（現在の武漢市の一部）で、孫文の革命思想の影響を受けた清王朝駐在軍の若い士官たちが反乱を起こした。彼らは武昌と隣の漢陽を占領したのち、清王朝の統治下からの独立と、中華民国湖北軍政府の樹立を宣した。

あわてた清王朝は、陸軍大臣の廕昌《いんしょう》に、新式陸軍を率いて鎮圧へ向かうことを命じたものの、廕昌はドイツ留学帰りの満洲人貴族で、部隊を率いて戦ったことは一度もない。加えて、袁世凱の子飼い幹部で固められた新式陸軍の将校たちは、廕昌の命令に従う気がまったくないどころか、袁世凱の指揮官復帰を願い立てる始末である。

王宮内の多くの重臣たちからも、「袁世凱でなければ危機の打開は難しい」との声があがってきた。摂政王載澧はやむをえず、袁世凱の起用に同意した。10月14日、載澧は袁世凱に湖広総督（湖北・湖南・広東諸省を管轄する総督）の官職を与え、急遽、帰京して鎮圧軍を指揮せよとの命令を出した。

袁世凱には、いまや自分こそが清王朝の命運を握っていることがよくわかっていた。湖広総督という地方長官レベルの官職は、子供騙しにすぎない。

載灃からの出頭命令に対して、袁世凱は病気と称して拒否しながら、王宮内部の知人を通じて現役復帰の条件を載灃に提出した。そのときの清王朝は、日本にならって官制改革を行い、皇帝のもとでの「内閣制」を導入していた。袁世凱は自分を内閣総理大臣に任命することを要求した。

載灃にとって、それは容認できない条件だったが、武昌蜂起に刺激されるかたちで、全国で革命の反乱が起こり始めており、背に腹は代えられなかった。同年11月１日、前内閣の総辞職を受けて、摂政王載灃は袁世凱を第２代内閣総理大臣に任命し、至急上京して組閣するように求めた。

自らの要求が満たされた袁世凱は、11月13日に北京に戻り、総理大臣と反乱軍鎮圧の総司令官に就任、清政府の全権を握った。そして自らが創建した新式陸軍の精鋭部隊を率いて南下し、革命軍の本拠地である武昌へ向かって進軍した。

だが、ここでも袁世凱は腹に謀略を潜ませていた。袁世凱はもはや清王朝につくすつもりはなかった。

新式陸軍を率いた袁世凱は、武昌を攻撃し、革命軍に大打撃を与えた。軍事的には袁世凱の討伐軍が優勢に立ち、革命政府は壊滅寸前にまで追い込まれた。

しかし袁世凱は、革命軍に対して仕上げの総攻撃を一切仕掛けなかった。それどころか、革命政府に和議を申し込んだのだ。その内容は、革命政府と共謀して清王朝を潰そうというものだった。つまり、袁世凱は主《あるじ》である清王朝を裏切って、それを革命政府に売りつけたのだ。

もちろん、袁世凱がその見返りとして要求したのは、彼自身を新しい共和国の大総統に据えることである。革命政府も、敵将のこの厚顔無恥な要求を呑むしかなかった。孫文などの革命派の領袖《りょうしゅう》は、袁世凱が清王朝に叛旗を翻してくれれば、彼を大総統に推挙すると約束した。

そこで、袁世凱は私兵部隊を率いて北京に戻り、清王朝に対して皇帝の退位と政権交代を迫った。即位したばかりの子供皇帝と優柔不断の摂政王載灃が、実力をバックにした袁世凱の恐喝に対抗できるはずもない。1912年2月12日、宣統帝は退位して清王朝は滅亡した。

その3日後の2月15日、袁世凱は中華民国の大総統に就任し、彼は天下を手にした。わずか3カ月前に清王朝の総理大臣に就任した袁世凱は、まんまと清王朝を利用し、欺いて裏切ったわけだ。加えて、孫文以下の数多くの革命家たちが十数年にわたって多大な犠牲を払って戦ってきた革命の成果も、この稀代の詐欺師によって盗み取られたのである。

これは、中国近代史上最大の謀略家・詐欺師として知られる袁世凱が、権謀術数の限りをつくして打った一大博打《ばくち》の結果であった。

中国人はなぜ私利私欲から逃れられないのか

清王朝と革命軍の両方を利用して天下を取った袁世凱は、次の攻撃の矛先を孫文たちの革命勢力に向けた。彼は国民党の指導者であった宋教仁など、革命勢力の領袖たちを次々と暗殺しながら、軍事力を背景とした自らの独裁体制を固めていった。

彼は大総統の権限強化や任期延長を行うなど、自身の権力の強化に努めたが、やがて大総統の地位にも満足できなくなり、自らを皇帝とする「袁家王朝」の創建を企んだ。大総統では、権力は一代限りだからだ。世襲制の皇帝になることによって初めて、天下は袁氏一族のものとなるのだ。

大総統就任から4年後の1916年1月、彼はついに帝政を復活させ、洪憲皇帝として即位し、袁家王朝の樹立を宣した。

しかし、このときばかりは、生き残りの革命勢力はもとより、袁世凱の部下として各地方で勢力を伸ばした軍閥たちも黙ってはいな

宋教仁

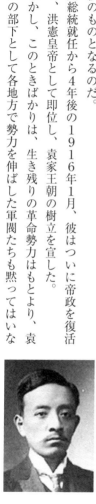

かった。軍閥たちから見れば、袁世凱が単なる大総統であるなら、いずれ自分たちもその椅子を手に入れられる可能性もあるが、袁世凱が皇帝になるならば、ほかの人間はみな、袁氏一族の臣下に成り下がるしかない。だから、実力者の誰もが、それを許せなかった。

袁世凱が皇帝となったとたん、北京の学生らが批判デモを行い、地方軍閥も反旗を翻し、革命派のみならず、彼の子飼いの部下だった北洋軍閥の諸将も反発した。その結果、四面楚歌《しめんそか》となった洪憲皇帝は、1916年3月、即位からわずか83日目で「帝政復辟《ふくへき》」の撤回を余儀なくされ、退位した。同年6月には、失意のうちに病死している。

光緒帝の臣下でありながら光緒帝を裏切り、清王朝の重臣でありながら清王朝を裏切り、革命軍と手を組みながら革命軍を裏切り、共和国の大総統でありながら共和国を裏切った袁世凱は、結局、自らの部下たちに裏切られて惨めな最期を迎えた。

そして、戊戌政変から帝政復辟にいたるまで、袁世凱の行った陰謀と裏切りの数々を一度に見てみると、それらはすべて、彼自分の野心と私利私欲を満たすためのものであることがよくわかる。自分と一族の私利私欲のためには手段を選ばないというのが、彼の一貫した行動原理であった。

大正時代に、佐久間東山という人物が「福岡日日新聞」に「袁世凱伝」を連載したが、袁世凱の人となりについて、次のように記している。

「蓋《けだ》し袁世凱の為《な》す所を見るに、かの権道家一流を発揮し、徒《いたず》らに欺詐権謀を事とし、唯《ただ》自己の打算にのみ腐心し、一人一家の沽券《こけん》の私計を謀《はか》るに汲々とする所、亦《また》実に這個《しゃこ》の代表的支那流為政者の権化のみ」

権謀術数ばかり弄し、自己の打算にのみ腐心し、自分や一族のためにいつも私計を謀ろうとするところが、典型的な「支那流為政者」だと喝破している。

袁世凱が死去したあとも、彼が生んだ軍閥政治は生き残った。袁世凱の死後は、中国全土を統治する統一政府が存在しない状態となり、北洋軍閥は直隷派、安徽派、奉天派、山西派、西北派に分裂し、国の崩壊と人民の塗炭の苦しみを横目にして各軍閥が血みどろの内戦を繰り返した。

そのなかで勢力を伸ばしてきたのが、蔣介石率いる国民革命軍と毛沢東率いる中国共産党である。国民革命軍は表向きは中華民国の国軍であるが、蔣介石と国民党の独裁体制にあっては、軍閥そのものだった。蔣介石は１９２６～28年にかけて、華北に割拠する軍閥政府を倒すために、国民革命軍を率いて「北伐」と呼ばれる戦争を行い、これにより国民政府による全国統一を成し遂げた。

その裏でしだいに力をつけてきたのが中国共産党である。国民革命軍に殲滅されそうになるが、二度の国共合作で生き残り、やがて武力をもって中華民国を大陸から追い出し、現在の中華人民共和国を樹立した。

毛沢東の「政権は銃口から生まれる」という言葉からもわかるように、毛沢東もまた、軍事力だけを頼りにするという軍閥的発想の持ち主である。そして毛沢東政権の27年間、数千万人の中国国民が、彼が率いる大軍閥の独裁的支配下で命を落とした。

中国の軍隊は人民解放軍であるが、これは決して国軍ではない。あくまで党の軍隊なのだ。中国の憲法にも、軍はすべて中国共産党の領導を受けることが明記されており、人民解放軍の最高指揮官は党中央軍事委員会主席である。

毛沢東の政治的継承者となった鄧小平も、中国共産党の独裁政権を守るために、戦車と部隊を派遣して自国の首都・北京を占領し、丸腰の学生たちを機関銃で倒していくことを辞さなかった（1989年の天安門事件）。共産党政権もしょせん、軍閥政治の流れを受け継いだ軍事的独裁政権にすぎないのである。

人民解放軍は依然として、中国共産党の党利党略のために存在する私兵部隊である。袁世凱以来の軍閥政治は、いまでも生きているのだ。

袁世凱は、一人一家の私計を謀るために謀略の限りをつくした。中華民国初代大総統の椅子を手に入れると、彼のやることはすべて、この「一人一家」の利権をいかに守っていくかの一点に集中された。まさにそれがために、袁世凱は革命と中華民国を投げ捨てて袁家王朝の創建に猪突猛進した。

それと同時に、私生活の面においても、彼は権力を思うぞんぶん濫用して富貴栄華を貪《むさぼ》った。中南海《ちゅうなんかい》という清王朝皇帝御用達の広大な庭園に豪邸を構え、９人の愛人を抱えて贅沢三昧《ざんまい》を楽しんだ。愛人の一人ずつに専用のコックと３人の使用人が配属されたほどの超セレブぶりであったという。

袁世凱こそは、手段を選ばずに権力を手に入れ、そして権力を私物化してわが身の富貴と快楽を最大限に享受するという、中国古来の悪しき為政者の典型である。

もちろんトップが腐敗すれば、下の役人も腐敗する。だから中国では、共産党政権でさえ凄まじい汚職や不正蓄財が横行してきた。現在の中国では、いざというときのために妻子と不正蓄財を海外に逃しておいて、自分一人、国内で汚職に勤《いそ》しむ官僚は「裸官《らかん》」と呼ばれている。

地方政府の官僚であろうが、中央政府の官僚であろうが、あるいは役職の高低があろうが、中国では権力を持つものは必ずといっていいほど腐敗する。

むしろ、地位が高いのに汚職しない（できない）者は、権力がないと蔑《さげす》まれるのだ。

権力が、なかなか私利私欲の限界を超越できないのは、まさに中国の５０００年の悲劇である。

③林彪――本心を隠し続けて出世ののちに破滅した、毛沢東の軍師

「嘘をつかなければ、大事を成すことはできない」が座右の銘

さて、私が選んだ「中国3大嘘つき」の最後は、林彪《りんぴょう》である。中華人民共和国の成立後、林彪は副総理、国防大臣、党副主席を歴任し、中国共産党内で毛沢東に次ぐ第2位の序列を得た人物である。

林彪はある意味、中国共産党史のなかでいちばん異彩を放つ、興味深い人物である。毛沢東の後継者とまでいわれ、副主席に上りつめながら、最後は毛沢東に粛清されそうになり、毛沢東暗殺を企てる。だが、失敗したため家族と飛行機で旧ソ連へ逃げようとしたが、その途次で墜落死した。

林彪は軍人としては英雄的な指揮官として、勇名を馳せていた。日中戦争では八路軍115

師を率いて、平型関の戦いでゲリラ戦を展開している。

また、国共内戦においては、東北民主連軍総司令や第４野戦軍司令員などを歴任、とくに満洲方面の司令官となって活躍した。ある意味で、中国共産党が国共内戦で勝利することができた最大の功労者といえるだろう。

林彪は「毛沢東主席にぴったり付き従う」というのが口癖で、毛沢東への個人崇拝の姿勢を崩したことはなかった。

そのため、毛沢東の覚えめでたく、１９５９年には、毛沢東の大躍進政策を批判して失脚した彭徳懐《ほうとくかい》に代わって国防大臣に就任、また党中央軍事委員会第１副主席にも任命された。

１９６６年には、国防大臣のまま単独の党副主席となっている。

１９６９年４月の中国共産党第９回全国代表大会において、

「林彪同志は一貫して毛沢東思想の偉大な紅旗を高く掲げ、もっとも忠誠心を抱き、もっとも確固として毛沢東同志のプロレタリア革命路線を執行し、守ってきた。林彪同志は毛沢東同志の親密な戦友であり、後継者である」

林彪

という決議がなされ、林彪は毛沢東の後継者として公式に認定された（『毛沢東秘録　上』扶桑社文庫）。

のちに林彪は粛清されることになるが、その後、彼の日記が見つかった。そしてそこには、林彪の本音がいろいろ書かれていた。

たとえば、林彪の座右の銘は次のようなものだった。

「嘘をつかなければ、大事を成すことはできない」

「嘘をつかない者は粛清される」

林彪は、まさにこの座右の銘を実行した人間だった。たとえば、前述したように、林彪は毛沢東のいちばんの崇拝者として知られていた。しかし、彼が本当は毛沢東のことをどう思っていたかということが、この日記に生々しく記されている（以下、香港で出版された『林彪日記』、扶桑社文庫『毛沢東秘録』、内蒙古人民出版社『毛沢東と林彪』から）。

「彼は自己崇拝だ。自分自身を迷信し、自分自身を崇拝する。功績は全部自分のモノにして、過ちは全部人のモノにする」

「彼は自分のことを万能の神だと思い、何でも知っている振りをす

彭徳懐

る。しかし、彼は国民経済のことは何もわからないし、国民の生活は何もわからない。考え方がおかしくて、めちゃくちゃなことをやってしまう」

「彼のイエスマンになればすべて良しだが、ならなければすべて上手くいかなくなる」

毛沢東をこのように見ていた林彪は、毛沢東に対して「三不」「三要」を心がけていた。「三不」とは、毛沢東に対して「提案しない」「批判しない」「悪いことを報告しない」の三つの「しない」である。「三要」とは、毛沢東に対して「迎合すべき」「賛美すべき」「いいことを報告すべき」の三つの「すべき」であった。

そして日記には、「真理を語ることなかれ。迎合することが何よりも大事」と書かれていた。林彪は権力の座を上りつめるために、まさにこれらを実践した。毛沢東の本質を見抜いたうえで、毛沢東をほめたたえ、欺いた。

心にもない毛沢東礼賛を繰り返した理由

林彪は中国共産党における有力な軍人だが、国共内戦のときの負傷がもとで、いろいろな病気にかかった。そのせいか、林彪は光が嫌いで、風呂には入らずに体を拭く程度、人づきあいが苦手など、結構、暗い性格であった。

中華人民共和国の樹立後、林彪はそれまでの軍事的功績から、十大元帥に選ばれた。ただ、序列は朱徳《しゅとく》、彭徳懐に次いで3番目だった。それだけ優れた功績がありながら、中国共産党政権の誕生後は、政治的に目立った活躍はなかった。

林彪が大出世するきっかけになったのは、国防大臣だった彭徳懐の失脚である。彭徳懐は中国を混乱に陥れている大躍進政策の問題点を批判する上申書を毛沢東に送った。だが、毛沢東はこれを自分に対する攻撃だと思い、1959年7月の廬山会議で彭徳懐を失脚させた。

そして、彭徳懐の後釜として国防大臣に納まったのが林彪である。林彪は、毛沢東を神のように徹底的に崇める崇拝路線に走った。本当のことを言った彭徳懐が失脚させられる場面を見た林彪は、とにかく毛沢東に迎合するしかないと思ったはずだ。毛沢東の性格を見抜いているだけに、その思いは強かったと思われる。

加えて、人民解放軍は当時、六つの軍区に分かれていたが、派閥

朱徳

性を帯びやすい。彭徳懐から代わったばかりの林彪が最速で軍を押さえるためには、毛沢東の威光に頼ることが、もっとも手早い。毛沢東が神格化されればされるほど、その威光によって軍を操りやすくなる。そのため林彪は、人民解放軍に対して、毛沢東崇拝運動、思想工作を展開した。

「必ず毛沢東思想を真に身につけなくてはならない」

「マルクス・レーニン主義を学ぶ最良の方法は、毛沢東思想を学ぶことだ」

などと繰り返し述べている。

この頃、大躍進政策について、劉少奇をはじめとする多くの党幹部が疑問を抱き始めていた。だが、林彪はあくまでも、毛沢東の正しさを主張し続けた。

１９５９年８月の中央軍事委員会拡大会議において、林彪は、「われわれはマルクス・レーニン主義をいかに学ぶべきか。私は毛沢東同志の著作を学習することをすすめる。これがマルクス・レーニン主義を学ぶ近道だ。毛沢東同志は全面的に創造的に、マルクス主義を発展させた」と述べた。

１９６０年9月には、自ら中央軍事委員会拡大会議を主宰し、「毛沢東同志は現代の偉大なマルクス・レーニン主義者」「すべての活動において毛沢東思想を最高理念として堅持しなくてはならない」「毛主席の本を読み、毛主席の言に従い、毛主席の指示どおりに活動し、毛主席の立派な戦士になろう」などとする決議を採択している。

同年10月には『毛沢東選集』の第4巻が出版されたが、林彪は「中国人民革命戦争の勝利は毛沢東思想の偉大な勝利である」という文章を書き、毛沢東思想を身につけることを全国民に訴えた。これにより、全国的に『毛沢東選集』の学習機運が高まった（厳家其・高皐著『ドキュメント中国文化大革命　毛沢東と林彪』リュウ・グァンイン訳・森田靖郎構成、PHP研究所）。

しかし、結局、大躍進政策は数千万人もの餓死者を出して大失敗に終わった。さすがにこの状況に、中国共産党はかなりの危機に立たされた。

1962年1月、北京に地方幹部7000人を招集して、中国共産党中央拡大工作会議（七千人大会）が開かれた。これは大躍進政策に対する総括を行うものだった。毛沢東に代わって国家主席となっていた劉少奇は、多数の餓死者を生んだこの政策について、「天災が三分、人災が七分だった」と述べて党の責任を認めた。そのため、毛沢東も「社会主義の経験不足だった」と自己批判を余儀なくされた。

ところが林彪はこの七千人大会において、やはり毛沢東擁護に努めた。

「この出費は学費のようなもので、われわれは代価を払って教訓を学んだのだ。きちんと学べば成果も大きい。あの失敗は毛主席の意見が尊重されなかったか、大きな妨害を受けたから失敗したのだ」

誰もが毛沢東の過ちであることはわかっているが、林彪はそれとは正反対のことを臆面もなく主張した。もちろん、毛沢東は大喜びだ。七千人大会の２カ月後、毛沢東は人民解放軍総参謀長の羅瑞卿《らずいけい》に、「この発言を改めて読み返すと、大変にいい文章だ。読むと嬉しくなる」などと述べている。

嘘で出世するも、最後は疑われて悲惨な末路

林彪の毛沢東礼賛にもかかわらず、１９６２～66年は、毛沢東にとって威信が完全に失墜した時期であり、隠忍を強いられた４年間であった。

国家主席の劉少奇は、党総書記の鄧小平とともに市場主義を取り入れた経済調整政策を実施し、大躍進政策によって疲弊した中国経済の立て直しに邁進《まいしん》していた。そのため、信頼は自然と劉少奇に集まる。

毛沢東は焦った。一応、序列は自分が1位で劉少奇が2位だが、このままでは人望も権力も全部、劉少奇に集まり、自分は単なるお飾りになってしまう。

そこで毛沢東は、１９６６年、「資本主義文化と封建的文化を批判して、新しい社会主義文

化を創出する」という政治・社会・思想・文化における改革運動を提唱した。もちろんそのスローガンは表向きで、市場経済を取り入れる劉少奇や鄧小平ら走資派（実権派）を失脚させ、自らの権力を回復させることが目的だった。

毛沢東は紅衛兵と呼ばれる毛支持の学生運動を煽動《せんどう》し、走資派を攻撃・つるし上げさせた。そして、毛沢東の指示により紅衛兵煽動の旗振り役となったのが、林彪だった。

紅衛兵といえば、集会で赤い表紙の『毛主席語録』を振りかざす姿が印象的だが、この『毛主席語録』は、林彪が1961年に人民解放軍機関紙の「解放軍報」に対して、「兵士が常に毛主席の思想指導を得られるように、毛主席の語録を毎日掲載せよ」と命じ、掲載された言葉を1冊にまとめたものだった。

また、前述したように、林彪は全国民に対して、毛沢東思想の学習を促してきた。毛沢東の思想を全国人民の思想に押し上げたのだ。そうしたこともまた、文化大革命が国民運動にまで広がった一因だろう。

まさに林彪がやってきた毛沢東の個人崇拝を利用し、紅衛兵たちを動員して、劉少奇らの実務派たちを打倒したのが、文化大革命だった。

林彪は、文化大革命において、軍幹部を次々と失脚させ、「毛沢東の軍師」といわれるようになった。

1966年8月の中国共産党第8期中央委員会第11回全体会議（第8期11中全会）において、毛沢東による劉少奇攻撃が始まった。劉少奇は走資派と呼ばれて執拗に批判され、党中央委員会副主席を解任されて序列も2位から8位に落とされた。そして、68年10月の第8期拡大12中全会では中国共産党から永久に除名された。

こうして劉少奇が失脚し、1966年に林彪が序列2位となった。そして69年4月の第9回党大会において、林彪が毛沢東の後継者であると党規約に明記されることとなった。

林彪は自分の本心とは真逆の「毛沢東礼賛」を徹底的に実行し、それによって毛沢東の後継者と指名されるまでになった。

林彪は、自らの座右の銘である「嘘をつかなければ、大事を成すことはできない」「嘘をつかない者は粛清される」が、中国においていかに正しいかを証明した人物でもある。

だが、やはり嘘はいつかバレる。本心から思っていないことは、どこかでボロが出るものなのだろう。

林彪は自分の周辺を腹心の軍人で固め、息子の林立果《りんりつか》を空軍司令部の要職につけた。

こうしたことに毛沢東は猜疑心を深め、林彪が国家主席の座を狙っているのではないかと疑い、国家主席の廃止を表明した。だが、林彪がこれに同意しなかったために、さらに林彪の野心を疑うようになる。

1970年頃から、林彪とその一派は、さかんに毛沢東に国家主席就任をもちかけ、さらには「毛沢東天才論」をぶち上げてご機嫌取りをしたが、そのことも毛沢東の批判の対象となった。

身の危険を感じた林彪一家は、林立果を中心に毛沢東暗殺計画を企てるが、事前に露見した（林彪の娘が密告したという説もある）ため、1971年9月13日、人民解放軍が所有するトライデント旅客機で旧ソ連に逃亡しようとしたが、その途中のモンゴル領内に墜落し、家族もろとも帰らぬ人となった。

「嘘をつかなければ、大事を成すことはできない」を座右の銘とする林彪は、まさに毛沢東礼賛の大ウソを徹底的につくことによって大出世を果たし、毛沢東に次ぐ権力の頂点に上りつめた。しかし最後のところは結局、「大事を成す」寸前、破滅に追いやられた。

林彪の悲劇は彼自身の悲劇であると同時に、中国という国の政治文化のもたらす悲劇でもあった。林彪自身も熟知している権力闘争の中国残酷史の教訓から、そして本当のことを言って破滅を招いた彭徳懐などの身近の教訓から、林彪は「嘘をつく」ことの重要性を学び、そのまま中国近現代史上の大嘘つきの一人となったが、その結末は、大嘘つきの先輩の王莽や袁世凱と同様の悲惨なるものであった。嘘をついて欲しいものを手に入れ、虚言を弄して身を滅ぼしてしまう。それはまさに、本書がここまでにたどってきた中国五千年虚言史の典型的パターンではないのか。

もちろんこれからも、王莽や袁世凱や林彪のような人物がいつでも中国の政治舞台に登場してくるだろうし、ありとあらゆる嘘と詐欺と偽善は毎日のように中国の大地で繰り返されていくだろう。「真」という漢字はたしかに中国人の発明であるが、あの大陸は永遠に「真」とは無縁のままである。

おわりに

中国人はなぜ嘘をつくのか。

本書で述べてきたように、そこには繰り返されてきた易姓革命と、それを正当化するための儒教理論の影響が大きかったと私は思っている。

さらにいえば、なぜ中国大陸でこれほど戦乱と王朝交代が頻繁に起こったかといえば、有限の資源を奪い合ったからにほかならない。中国史では、一つの王朝が成立するとその外戚や宦《かん》官《がん》、佞臣《ねいしん》らが権力を独占し、腐敗政治が横行し、民衆への苛斂誅求《かれんちゅうきゅう》によって不満が高まり、やがて地方の農民や豪族が反乱を起こして王朝が滅亡するというのがお決まりのパターンになっている。

要するに、血なまぐさい殺戮《さつりく》によって前王朝を倒し、新しい王朝を建てただけなのだが、それを易姓革命だと正当化しているのだ。

これだけ戦乱が続く世の中なら、誰もが相互不信に陥るのは当然である。他人を信じていては、いつ寝首をかかれるかわからない。

さらに19世紀の清王朝時代には人口が4億を超え、現在は13億である。それだけ人口が増えれば、富の争奪戦が起こるのは当然のことで、厳しい競争社会となる。とにかく他人を出し抜くことが重要となる。だから現在の中国は、社会主義国であるにもかかわらず、貧富の差が世界トップレベルなのだ。

中国人の「嘘つき」体質は、今後も数百年にわたって不変であろう。そもそも習近平体制自体が、政権にとって都合の悪い情報を遮断し、習近平の実績を水増しし、嘘によって神格化しようとしている。表現の自由がないのだから、政権はいくらでも嘘をついて人民をコントロールできる。そして中国人も、その大きな虚構のなかで、保身のために嘘をつき続けなくてはならない。

中国にいると、何が本当のことなのかわからない。誰もが嘘をついているという疑心暗鬼がつねにつきまとう。結局、自らを守るための嘘が、巡り巡って自らの首を締めている。

日本に帰化してから、そのような思いが次第に強くなったことも、本書を企画した大きな一因である。

石平

石 平（せき へい）

1962年、四川省生まれ。北京大学哲学部を卒業後、四川大学哲学部講師を経て、88年に来日。95年、神戸大学大学院文化学研究科博士課程修了。2007年、日本に帰化。2002年に『なぜ中国人は日本人を憎むのか』（PHP研究所）を発表し、中国の反日感情の高まりを警告。以後、中国や日中関係の問題について、講演・執筆活動・テレビ出演などで精力的に展開している。『なぜ中国から離れると日本はうまくいくのか』（PHP新書）で第23回山本七平賞を受賞。著書に『日本にはびこる「トンデモ左翼」の病理』『朝鮮半島はなぜいつも地獄が繰り返されるのか』『中国はなぜいつも世界に不幸をバラ撒くのか』（以上、徳間書店）、『世界史に記録される2020年の真実　内憂外患、四面楚歌の習近平独裁』（ビジネス社）、『中国人の善と悪はなぜ逆さまか　宗族と一族イズム』（産経新聞出版）など多数。

中国五千年の虚言史
なぜ中国人は嘘をつかずにいられないのか

第1刷　2021年2月28日

著者／石 平

発行人／小宮英行

発行所／株式会社 徳間書店　〒141-8202　東京都品川区上大崎3-1-1　目黒セントラルスクエア

電話／編集 03-5403-4344　販売 049-293-5521

振替／00140-0-44392

カバー印刷／近代美術株式会社

印刷・製本／中央精版印刷株式会社

ISBN978-4-19-865243-2